Nathalie

Glücklich unzufrieden

Glücklich unzufrieden

Erinnerungen und Erfahrungen

von Nathalie

Bibliografische Information der Deutschen Nationalbibliothek:

Die Deutsche Nationalbibliothek verzeichnet diese Publikation in der Deutschen Nationalbibliografie; detaillierte bibliografische Daten sind im Internet über http://dnb.dnb.de abrufbar.

© 2016 Nathalie Niemuth

Herstellung und Verlag:

BoD – Books on Demand, Norderstedt

ISBN: 9783741290879

Seit einiger Zeit macht meine Transidentität einen großen Teil meines Lebens aus. Genauer gesagt ist mein Weg, in der vergangenen Zeit sehr konkret in eine Richtung gegangen, die unser Leben sehr verändert hat

Ich bin froh, dass Silvia, meine Frau, mich dabei so unterstützt und mir jederzeit eine große Hilfe ist.

Die Darstellung meiner Erinnerungen und Gefühle, die mich sehr während der Zeit beschäftigen, halfen mir alles besser zu verstehen und in dem Ganzen einen roten Faden zu finden, die Entscheidungen leichter zu treffen oder einfach mit beiden Seelen zurechtzukommen. Vielleicht können andere Betroffene und Angehörige Parallelen zu meinen Erfahrungen erkennen und ihren Nutzen daraus ziehen.

Positive und negative Erfahrungen und Ereignisse liegen hinter mir und es werden noch mehr auf mich warten.

Dass ich transident bin, ist zum Glück kein Geheimnis mehr. Die Zeit, in der ich alles verheimlicht habe, ist lange vorbei. Es waren bewegte und bewegende Zeiten, die hinter mir liegen. Wirklich zu Ende wird mein Weg wohl nie sein, auch wenn ich heute viel weiter bin, als ich mir noch vor wenigen Jahren überhaupt vorstellen konnte. Was ich erlebt habe und wie ich mich weiterentwickeln konnte, versuche ich in diesem Buch zu beschreiben.

Die ersten Gedanken, ein Mädchen zu sein, kamen mir schon früh, ich denke es war, als ich etwa fünf Jahre alt war. Eine Vorstellung kam mir immer in den Sinn, wenn ich im Bett lag:
Meine Tante holte mich mit ihrem blauen Auto ab. Sie brachte mich zu einem mir unbekannten Ort. Dort stand eine Maschine. In diesen Apparat wurde ich hineingesetzt und wurde, wie auch immer, zu einem Mädchen. Wie ich auf solche Gedanken kam, kann ich nicht mehr sagen. Sie waren einfach da. Fakt ist, dass meine Tante damals einen hellblauen Ford 12M fuhr.

Die nächsten Erinnerungen liegen in meiner Schulzeit, mehr Bruchstücke, die ich zeitlich nicht genau einordnen kann. Ich erinnere mich an Besuche bei Verwandten und deren Gegenbesuche bei uns. Eine Cousine spielte bei uns im Hof. Es war schon etwas kühl und sie trug eine Nylonstrumpfhose.

Ich verstand damals nicht, warum nur sie so angezogen sein durfte und ich nicht.

Fußballspielen war ein großer Teil meiner Freizeitaktivität. Mein bester Freund war zu dieser Zeit im Fußballverein. Einmal durfte ich bei einem Auswärtsspiel mitfahren und - da zu wenige Spieler auf dem Feld standen - auch mitspielen. Meine fürsorgliche Mutter hatte Angst, ich würde mich erkälten, und zog mir eine ihrer Nylonstrumpfhosen an. Sie konnte es nicht wissen, aber ich freute mich sehr darüber.

Auch ein Ferienaufenthalt in Bayern ist Teil meiner Erinnerungen. Wie es so üblich war, kam es auf einer gemeinsamen Feier der Feriengruppen zu einer Modenschau. Ich lieh mir einen Rock und das passende Oberteil von unserer Herbergsmutter und stellte mich der gesamten Gruppe. Natürlich war ich nicht allein und alle Anderen aus dem Team zogen sich nach dem Auftritt wieder um. Ich versuchte mit allen Mitteln, den Abend in den geliehenen Kleidungsstücken zu verbringen.

Den unausweichlichen Nachfragen von den Freunden und der Gruppenleiterin versuchte ich aus dem Weg zu gehen. Jede Sekunde war wertvoll.

Die Zeit lief. Ich hatte es mir zur Gewohnheit gemacht, in BH und Nylons die Schularbeiten zu machen. Das ging auch sehr lange gut, aber ich wurde unvorsichtiger und eines Tages, ich hatte einen hellen Pullover an, sah mein Vater, was ich unter diesem trug.

Mein Vater flippte total aus. Er riss mir den Pullover vom Leib und den BH herunter. Seine Schläge mit dem Gürtel landeten abwechselt auf dem Rücken und dem Gesäß. Ob meine Mutter vor den Tür stand, kann ich heute nicht mehr sagen. Sie hätte nichts tun können. Niemand konnte etwas tun.

Auch jetzt noch kommen mir die Tränen, wenn ich nur daran denke. Irgendwann hatte er genug und ließ mich endlich in Ruhe. Der BH war weg, mein Versteck geoutet, meine persönlichen Sachen durchsucht und ich als pervers gedemütigt.

Seit dieser Zeit stand ich unter Beobachtung. Ich versuchte einen Ausweg zu finden. Die Gedanken an Flucht aus meinem Gefängnis erzählte ich nur meinem Stoffhund Wummi, den mir meine Mutter gestrickt hatte, als ich noch klein war.

Einige Zeit hatte ich schon Gitarrenunterricht und das war nun eine gute Möglichkeit, auf andere Gedanken zu kommen. Täglich Schule, Hausaufgaben, mit Freunden zum Fußball, Gitarre üben, zu Abend essen und dann ins Bett. Das war von nun an mein Leben.

Sonst ging nichts. Der Gedanke, dass ich ein Mädchen sein wollte oder bin, war nie weg. So sehr ich es auch versuchte, ihn zu vergessen oder durch andere Beschäftigungen zu unterdrücken, er verging einfach nicht.

Wir waren im siebten oder achten Schuljahr, da bekamen wir eine Referendarin. Eine bildschöne Frau, sehr jung, mit langem, blondem Haar. Ich hatte nur Augen für eines: ihren langen, rot bedruckten Rock mit schwarzem Bund. So einen wollte ich haben. Was sie uns versuchte beizubringen, war für mich Nebensache. Ich schaute im Laufe der Zeit immer wieder, ob ich so einen Rock finden könnte. Bis heute ist es mir nicht gelungen, leider.

Irgendwann hingen Nylonstrumpfhosen zum Trocknen im Bad. Es würde wohl nicht auffallen, wenn eine fehlte. Nun ging es darum ein geeignetes Behältnis zu finden. Die Wahl fiel auf eine Kunststofforange, die vom letzten Besuch im Chinarestaurant übriggeblieben war.

Auch die Besuche bei Freunden nutzte ich dazu, meinen Horizont zu erweitern. Da meine Mutter niemals irgendeine Art von Schminke besessen hat, musste ich in den Badezimmern der Freunde schauen, was es so gab.

Einmal nahm ich einen blauen Kajal mit und legte ihn in meine Schachtel mit den Schreibutensilien. Er fiel zwischen all den anderen Stiften nicht auf. Ab und zu, wenn ich ganz sicher allein war, konnten die ersten Schminkübungen im Badezimmer stattfinden.

Natürlich musste alles verschwunden sein, wenn die Eltern nach Hause kamen.

Zu der Zeit war mein Bruder bei der Bundeswehr und konnte mir nicht gefährlich werden.

Die Klassenfahrt im neunten Schuljahr ging auf die Nordseeinsel Norderney. Bei diesem Aufenthalt trafen wir auf eine Klasse aus Düsseldorf, die mit uns gemeinsam im Schullandheim wohnte. Durch Zufall bekam ich mit, dass eine Schulkollegin einigen der Düsseldorfer Löcher in die Ohren stach. Das Ganze blieb nicht unentdeckt. Die Düsseldorfer Lehrerin kam dazu, schaute und fragte zu meiner Überraschung: „Das kannst du? Machst du mir auch welche?"

Ich stand da, konnte nicht glauben, was ich da hörte und hatte selber nicht den Mut zu fragen, obwohl ich doch auch so gerne Ohrringe tragen wollte.

Die Schulzeit ging langsam, aber sicher zu Ende. Die Mitschülerinnen lernten mit der Zeit mit Farbe umzugehen, so dass ich ihnen die eine oder andere Art Schminktechnik abschauen konnte. Leider war es mir nicht möglich, mich in irgendeiner Form zu outen.

Die Angst, verstoßen, gehänselt oder verraten zu werden, war riesig. 30 Jahre später haben sich meine Ängste bestätigt. Auf einem Klassentreffen stelle ich meinen Schulfreundinnen von damals die Frage: „Hättet ihr mich in der Schulzeit als Frau bzw. Mädchen akzeptiert?" Die meisten haben ehrlich geantwortet, dass sie mich wahrscheinlich, ohne die heutigen Informationen, nicht akzeptiert und massiv gemobbt hätten.

Damals hatte ich auch nicht den Wissensstand, erkennen zu können, was überhaupt mit mir los war und was Transsexualismus ist oder bedeutet. So erlebte ich meine Pubertät und musste mit dem Ergebnis von Mutter Natur leben.

Ich begann eine Lehre zum Radio- und Fernsehtechniker in einem Handwerksbetrieb. In dieser Zeit hatte ich sehr viel mit anderen Menschen zu tun, so dass ich bei Kundenbesuchen einiges, - wie Bewegungen, Kleidung und Schminktechniken, abschauen konnte.

Aber zwischen Arbeit und Schule war sehr wenig Zeit für mich persönlich übrig. Das Gitarre-Spielen gab ich auf, da die Zeit einfach nicht mehr ausreichte. Die wenige Freizeit am Wochenende war mit Freunden verplant.

Immer im Hintergrund standen die Eltern und ihre Kontrolle bei allem, was ich tat und ließ. Funktionierte ich nicht so wie gewünscht, gab es Stress. Der beliebteste Spruch war: *"Solange du deine Füße unter meinem Tisch hast, tust du das, was wir wollen!"*

Eines Abends kam meine Mutter von der Arbeit nach Hause. Sie hatte einen Ohrring von ihrer Kollegin dabei, der repariert werden sollte. Die kleine Lötarbeit war schnell erledigt und ich nutzte die Gelegenheit sofort aus. Schnell war ich im Bad verschwunden und hatte den Ring schon im Ohr. Phantastisch.

Da ich keine Ahnung hatte, was ich da tat, kam es, wie es kommen musste. Ich hatte das Teil einfach in das Ohrläppchen gedrückt, leider zu hoch, so dass ich eine Ader getroffen hatte. Das Blut kam, ich konnte den Kopf gerade noch über das Waschbecken bringen und zog den Ohrring wieder heraus. Ich hatte Angst, dass meine Eltern etwas mitbekommen - und hatte Glück, dass die Blutung langsam nachließ.

Nach der Lehre und der Wehrdienstzeit gab es auf einmal die Möglichkeit, dem Gefängnis ab und zu entfliehen. Ich hatte zum ersten Mal ein eigenes Auto gekauft, durch meine Arbeit eigenes Geld und somit viel mehr Optionen, mein Ich auszuleben und - was noch wichtiger war - zu verstecken. Zum ersten Mal bekam ich die Möglichkeit, Kleidung, Schuhe, eine Perücke zu kaufen und in meinem Auto zu deponieren. Außerhalb des elterlichen Zugriffs sind nächtliche Ausflüge mehrmals pro Woche nun möglich geworden.

Auch wenn ich noch zu Hause wohnte, hatte ich endlich eine Chance gefunden, ich zu sein und ein bisschen mein Leben zu leben.

Zu dieser Zeit versuchten einige Freunde von mir, mich mit einer Bekannten zu verkuppeln. Ich hatte ja bis zu dieser Zeit noch keine Freundin gehabt und zu meiner gerade erst gewonnenen Freiheit passte das auch nicht. Nein, ich wollte nicht.

Die Ausflüge, jetzt auch tagsüber, wurden häufiger. Meist zog ich mich im Auto um, schminkte mich so gut es ging und suchte mir Plätze, wo ich niemandem begegnen würde. Wenn es doch zu Begegnungen mit anderen Leuten kam, versuchte ich schnell zum Auto zu kommen und zu flüchten. Die Angst war groß. Die Menschen verstanden mich nicht, lachten, verstießen mich, auch wenn sie mich doch gar nicht kannten, so glaubte ich auf jeden Fall. Das Kopfkino hatte mich voll im Griff und ich wollte Begegnungen mit anderen Menschen unbedingt verhindern.

Meine Eltern hatten keine Ahnung, was ich so machte. Das Leben war viel einfacher geworden - und dann kam der August 1989. Mein Leben änderte sich auf einen Schlag. Es war die Zeit, in der ich meine jetzige Frau kennenlernte. Es war etwas ganz Neues, ein Gefühl, das ich vorher nicht gekannte hatte. Und ich tat alles, dass es nicht endete. Dazu kam die Angst davor, was geschähe, wenn sie von meinem Frausein erfahren und alles zu Ende sein würde, bevor es richtig begonnen hatte. Alles, was ich bis dahin gekauft hatte, verschwand sofort im Müll. Nicht ein Teil durfte mich verraten, niemals.

Nach einiger Zeit zogen wir in eine gemeinsame Wohnung. Alles war gut. Kein Stress mehr mit den Eltern, Neues entdecken und Gefühle erleben, die vorher nie dagewesen waren.

Mit der Zeit fehlte mir etwas, so dass ich Karneval vorschlug, mich als Frau zu verkleiden. Das war unauffällig und für einen Moment war es wie früher.

So verging die Zeit, eine neue Wohnung, Autos, Urlaube, die einen oder anderen Krankheiten und immer ein klein bisschen Frausein im Stillen, ohne dass etwas zu merken war. Mehr traute ich mich nicht. Der gemeinsame Kinderwunsch erfüllte sich nicht und wir versuchten die Ursache zu finden. Ich ging bewusst zu einer Urologin.

Sie war transident, Mann zu Frau, und schon lange in ihrem Leben angekommen. Leider fehlte mir der Mut sie einfach nach dem zu fragen, was ich wissen wollte. Die Informationsdichte wie heute war leider noch nicht da und es fiel sehr schwer, andere auf das Thema anzusprechen, selbst wenn sie offensichtlich eine große Erfahrung weitergeben konnten.

Der Druck, einfach mal als Frau auszugehen und etwas zu unternehmen, wurde immer größer. Trotzdem versuchte ich meine Beziehung zu Silvia, die immer enger und fester wurde, auf keinen Fall zu gefährden.

Immerhin gab es, als Silvia auf einer Fortbildung war, die Chance mein Frausein auszuprobieren, allen Mut zusammenzunehmen und einen Abend als Frau ins Kino zu gehen. Natürlich war alles an weiblicher Kleidung zuvor im Müll gelandet.

So kaufte ich mir einen Jeansrock, ein paar Ohrklipps und ein Top, welches ich unter einem hellen Blazer trug, den ich mir von Silvia ohne ihr Wissen ausgeliehen hatte. Ein Paar schwarze Pumps hatte ich noch von einer Karnevalfeier zurückbehalten. Eine rothaarige Perücke erstand ich für kleines Geld in einem Fachgeschäft, da ich ja eine neue für unsere Theatergruppe brauchte, ein Vorwand, der die Sympathie der Verkäuferin erwarb. So konnte ich einen guten Rabatt aushandeln.

Natürlich war ich noch nie in einer Theatergruppe gewesen, aber um meine Neigungen zu vertuschen, musste ich damals einiges verstecken oder auch erfinden, so dass ein Outing unwahrscheinlich war.

Ich machte mich also für den Ausflug fertig. Zum Kino musste ich ein paar Minuten laufen und kam dabei an einigen mir unheimlichen Ecken vorbei. Es war ja schon Abend und ich hatte Angst in unkontrollierbare Situationen zu kommen. Glücklicherweise erreichte ich das Kino und suchte mir einen Film aus, kaufte eine Karte für „JFK" und betrat den Kinosaal, der schon gut gefüllt war. Beachtet hatte mich wohl niemand.

Umso überraschter war ich, dass etwa nach 90 Minuten, mitten im Film, das Licht anging. Den kurzen Hinweis an der Kasse, dass der Film Überlänge hat, muss ich wohl überhört oder total verdrängt haben.

Panik kam in mir auf. Die Reihen kamen in Bewegung, doch ich wollte nicht hinaus, wo mich die anderen Besucher gemustert hätten. Das Kopfkino arbeitete in diesem Moment auf Hochtouren. Um mich abzulenken nahm ich einen kleinen Taschenspiegel und sah, dass mein Lippenstift fast weggerieben war. Dafür hatten sich die Schneidezähne entsprechend verfärbt, da ich mir in meiner Nervosität ständig, auf die Unterlippe gebissen hatte. Also Taschentuch gezückt, Zähne gereinigt und ordentlich den Lippenstift erneuert. Nun konnte der Film weitergehen.

Natürlich musste ich wieder zurück zu meinem Auto. Die gleichen unwirklichen Straßen, die gleiche Angst entdeckt zu werden, nur wesentlich später in der Nacht. Glücklich kam ich wieder zu Hause an, legte die Kleidung ab und musste erst einmal duschen. Es war in allen Belangen aufregend und, im Nachhinein, unvernünftig. Außerdem hatte ich ein schlechtes Gewissen.

Der Entschluss stand fest: So geht es nicht und der Rock, die Schuhe, das Top, die Ohrklipps und die Perücke flogen wieder in den Müll - nichts ist passiert und es kann auch nichts mehr passieren.

Es war aufregend, schön, aber auch gefährlich nachts solche abenteuerlichen Ausflüge zu versuchen. Es musste einen anderen Weg geben mein Frausein zu erleben. Zum Glück habe ich nie wieder einen ähnlichen Ausflug gewagt.

Zwischenzeitlich vermischten sich reale und Traumwelt etwas mehr als früher. Zum Beispiel waren wir in einer Spielbank. Wir wollten uns das Treiben und die Atmosphäre einmal ansehen. So fuhren wir mit Freundin und Schwägerin zur Spielbank Hohensyburg und verbrachten ein paar schöne Stunden dort.

Mehr und mehr kamen die Bilder, dass ich als Frau dort war oder sein wollte. Manchmal lang ich nachts wach und konnte den Gedanken nicht verdrängen.

Ich erzählte meiner Frau von den Träumen, war aber noch sehr unsicher, wie ich mit den Fantasien für mein erwünschtes Leben umgehen sollte.

Mit der Zeit fehlte mir ein wichtiger Teil meines Lebens. Ganz vorsichtig, ohne dass ich überfallartig in das mir wichtige Thema vorstieß, fragte ich meine Frau, ob es ihr etwas ausmachte, wenn ich ab und zu ihren schwarzen Rock anzöge. Sie hatte erst einmal nichts dagegen und ließ mich machen. Ich hatte einen kleinen Einstieg gefunden und so vermittelte ich Silvia ganz behutsam eine neue Seite von mir.

Alles lief bei uns zu Hause ab. Niemals draußen. Nach und nach kamen BH, Schminke, die ersten eigenen Sachen hinzu. Wir entdeckten beide eine neue Möglichkeit miteinander und mit dem Neuen umzugehen und zu leben.

Ein neuer Abschnitt begann, als wir immer mehr mit dem Ohrschmuck meiner Frau herumspielten. Ich wollte schon immer Ohrringe tragen. Eines Tages ging ich in ein Geschäft und ließ mir Löcher schießen. Zu Hause war es an diesem Tag nicht so angenehm, da diese Aktion vorher nicht abgesprochen war und etwas zu weit ging.

Wir stellten die Regel auf, dass vor Veränderungen darüber gesprochen werden müsse.

Außerdem nahm ich die ersten Stecker wieder heraus, um die Gefahr der Entdeckung durch die Eltern möglichst gering zu halten. Mit kleineren Steckern und Ohrringen versuchte ich, die Löcher offen zu halten. Jeden Abend den Schmuck hinein, jeden Morgen den Schmuck heraus und in Alkohol einlegen - circa zehn Wochen, bis die Löcher garantiert nicht mehr zuwachsen konnten.

Dabei hatte ich sehr viel Glück, dass die Aktion ohne Entzündungen ablief.

Mittlerweile saßen wir im Sommer gemeinsam auf dem Balkon. Ich hatte ein Sommerkleid gekauft und fühlte mich wohl. Im geschützten Bereich der Wohnung konnte ich mich endlich ausleben.

In mir gab es aber noch Konflikte, weil die Abstände zwischen den Phasen, in denen ich mein Frausein ausleben wollte, immer kürzer wurden.

So ging es bis zum Herbst 2007. Wir hatten für Mitte Dezember Karten für ein Weihnachtsmusical gekauft. Ich kann heute nicht mehr sagen, was der Auslöser war. Der Wunsch wurde immer stärker in mir, ich wollte auch außerhalb der Wohnung mein Frausein ausleben und schlug vor, als Frau zu dem Musical zu gehen.

Natürlich war das sehr überraschend für meine Frau, vielleicht etwas zu direkt, aber nun war es heraus und das führte zur ersten großen Meinungsverschiedenheit zwischen uns. Nach der Aussprache einigten wir uns darauf, dass wir als Mann und Frau zum Musical gehen würden und ich, bevor ich als Frau vor die Tür ginge, Hilfe bei Leuten suchen würde, die das gleiche Problem hatten.

Durch das Internet war es nicht so schwierig wie früher, an Informationen zu kommen, und wir stellten den ersten Kontakt zu einer Selbsthilfegruppe her, dem Gendertreff in Düsseldorf.

Im Januar 2008 sollte der erste Besuch in Düsseldorf stattfinden. Ich hatte damals einen schwarzen Rock und ein T-Shirt von meiner Frau an.

Eine dunkelhaarige Perücke aus der Schweiz auf dem Kopf und so gut es ging geschminkt, fuhr ich mit meiner Frau Silvia zum „Café Rosamond", dem damaligen Treffpunkt der Selbsthilfegruppe.

Ich war sehr nervös, schon der Gang durch unser Treppenhaus war sehr nervenaufreibend, da immer die Möglichkeit drohte, jemanden zu treffen. In Düsseldorf angekommen, war das Café wegen Renovierung geschlossen. So fuhren wir unverrichteter Dinge wieder nach Hause. Ich war schwer enttäuscht von mir.

Wie hatte ich nur auf die Idee kommen können, einfach so als Frau zu dem Musical zu gehen! Ich war bei meinem ersten Ausflug mit meiner Frau ein solches Nervenbündel, wie hätte ich da auch noch einen öffentlichen Auftritt überstehen sollen? Ich brauchte wirklich Hilfe und wesentlich mehr Selbstvertrauen.

In den nächsten Monaten war der Treffpunkt des Gendertreffs das Café Aroma in der Innenstadt von Düsseldorf. Von meinen ersten Erlebnissen etwas schockiert, wollte ich nicht dorthin. So dauerte es bis zum Juni 2008, bis wir den nächsten Versuch im „Café Rosamond" starteten. Zwischenzeitlich hatten wir uns im Forum des Gendertreffs angemeldet und den Besuch bei der Selbsthilfegruppe in Düsseldorf angekündigt. Die Leute haben uns sehr herzlich in die Gruppe aufgenommen, so dass die Nervosität langsam nachließ.

Wir hatten die ersten Schritte in die Welt getan und die ersten persönlichen Kontakte zu Transgendern, Crossdressern, Transidenten und deren Partnern hergestellt.

Es war eine gute Erfahrung, andere Geschichten zu hören, andere Meinungen kennen zu lernen, Erlebnisse auszutauschen und damit das Selbstvertrauen zu steigern.

Zu diesem Zeitpunkt war ich fest davon überzeugt, dass ich die Zeit in der Gruppe zum Frausein nutzen wollte und dass mir die Zeit auch genügen würde, so dass ich Nathalie in der übrigen Zeit im Schrank lassen könne.

Aus heutiger Sicht habe ich mich schwer geirrt.

Zu meinem Glück hat sich auf einem der nächsten Treffen ein Frisör angeboten, an einem Sonntag außerhalb der Gruppentreffen eine Farb- und Typberatung zu machen. Dabei wurde als erste Maßnahme meine Perücke so weit wie möglich auf meine Kopfform zurechtgeschnitten, damit diese wenigstens einigermaßen gut aussah. Ich hatte damals einfach eine Perücke aus dem Internet bestellt und keine professionelle Hilfe in Anspruch genommen.

Im Herbst fuhren wir erstmals zu einem weiteren Treffen der Gruppe nach Leverkusen-Opladen. Im Gegensatz zum Düsseldorfer Treff, der einen relativ geschützten Raum darstellt, findet das Treffen dort in einem öffentlichen Brauhaus statt.

Das hatte eine andere Qualität, denn das Lokal wurde von sehr vielen Menschen besucht, die nichts mit Transgendern zu tun hatten. Auch wenn ich aus heutiger Sicht mit dem Kopf schüttele, waren die ersten Schritte dort wieder sehr unsicher. Das Selbstvertrauen fehlte, um diese neue Situation ruhiger anzugehen.

So wie wir Zeit hatten, besuchten wir die Treffen in Düsseldorf und Leverkusen. Damit konnte ich immer mehr mein Selbstbewusstsein aufbauen.

Im Mai 2009 habe ich mich entschieden eine neue Perücke zu kaufen. Diesmal aber mit Beratung. Dazu sprach ich meinen Frisör an, ob er mir dabei helfen könne. Wir suchten gemeinsam in Katalogen mehrere Teile aus, die er dann zur Ansicht bestellte. Eine Woche später trafen sie ein und wir probierten eine nach der anderen aus.

Die Wahl fiel auf ein dunkelblondes Modell, das der Frisör exakt auf meine Kopfform zurechtschnitt. Die neuen Haare standen mir sehr viel besser und steigerten mein Selbstbewusstsein deutlich, so dass ich zu meinem ersten Einkaufsbummel in ein nahe gelegenes Einkaufszentrum fuhr.

Allein mit so vielen fremden Menschen um mich herum zu sein, war wieder einmal eine neue, außergewöhnliche Erfahrung. Zuerst fühlte ich mich von etlichen Leuten beobachtet.

Um mich zu vergewissern, schaute ich mir sehr genau die Auslage in den Schaufenstern an und ganz nebenbei beobachtete ich die Menschen, die an mir vorbeigingen.

Alle waren in ihrer Welt des Einkaufes gefangen und nahmen überhaupt keine Notiz von mir, die mitten unter ihnen stand. Wieder einmal erkannte ich, dass mein Kopfkino mir einen Streich gespielt hatte.

Das Selbstvertrauen gestärkt, betrat ich eine Boutique und schaute mir die Kleidungsstücke an.

Nach ein paar Minuten kam eine Verkäuferin auf mich zu und fragte, ob sie mir helfen könne. Alles ganz normal, wie bei anderen Kundinnen auch. Nach der Beratung, der Anprobe und der Kasse ging ich - wieder um eine Erfahrung und ein T-Shirt reicher.

Ich lernte: Je selbstverständlicher und normaler ich mich in der Menge bewege, desto weniger falle ich auf.

Im Januar 2010 war ein Bowlingtreff in Düsseldorf geplant. Mit ein paar Frauen aus dem Gendertreff trafen wir uns vor dem Bowlingcenter. Es war sehr groß und sehr gut besucht. Niemand nahm Notiz von uns. Auch der Toilettengang quer durch das gesamte Center verlief unproblematisch. Die Sicherheit in der Gruppe sowie bei den Gelegenheiten, bei denen ich allein war, stieg mit jedem positiven Schritt.

Der Februar war wieder etwas Besonderes. Ein Treffen auf Schloss Burg in Solingen mit dem Besuch einer Firma aus Nürnberg stand an. Dort konnten wir alle möglichen Produkte für Transgender bestaunen und natürlich auch kaufen.

Da ich sowieso etwas Vernünftiges für die BH-Einlagen brauchte, war es eine schöne Gelegenheit für einen Ausflug. An diesem Tag war herrliches Wetter und der Besucherandrang auf der Burg entsprechend hoch. Ich war allein mit meiner Frau auf dem Weg zum Treffpunkt und mir war noch immer nicht klar, dass niemanden, der uns begegnete, interessierte, was wir taten oder wo wir hingingen.

Eine Überraschung erwartete uns, als wir das Lokal verließen und den Heimweg antreten wollten. Es hatte geschneit, so dass der Weg zum Auto sehr glatt war. In Damenschuhen für alle eine neue, rutschige und, wie sich herausstellte, lustige Erfahrung.

In diesem Frühjahr stießen Marina und Katja zum Gendertreff. Ich erkannte, dass sie, da sie auch die ersten Schritte hinaus gewagt hatten, die gleichen Ängste ausstanden, wie ich sie anfangs gehabt hatte. Somit konnte ich meine Erfahrungen der letzten Monate weitergeben und anderen helfen, obwohl ich ja auch relativ neu dabei war. Irgendwie hilft jede jeder und das ist das Schöne an unserer Gruppe.

Ein paar Wochen später hatten meine Frau und ich Karten für ein Musical in Essen.

Am Morgen des Tages kam die Überlegung auf, was wir anziehen sollten. Ich machte den Vorschlag, ich könnte dort als Frau hingehen. Leider hatte meine Frau große Bedenken, so dass ich die Idee sofort wieder fallen ließ. Das war auch kein Problem für mich, außerdem wollte ich die Stimmung für den Abend nicht vermiesen.

Der Frühsommer verging, die Ausflüge als Frau außerhalb der Gruppe wurden, im Vergleich zu früher, wesentlich häufiger. Die Nervosität legte sich mit der Routine und dem ständig wachsenden Selbstvertrauen. Der Sommer kam und ich wollte mein Frausein ausweiten. Ich konnte nicht mehr anders und wollte es wohl auch nicht. Auf dem Weg zu meinem Auto muss ich durch die Kellerräume, um zur Tiefgarage zu gelangen.

Ich war bisher unentdeckt von den Nachbarn als Frau unterwegs gewesen. Wir hatten uns in unseren Vorstellungen ausgemalt, dass die gute Nachbarschaft durch meine Entdeckung sehr leiden werde. Es gab sogar Überlegungen, dass wir aus unserer Wohnung hinausgemobbt werden würden. Die Angst vor der Zukunft und der Reaktion der Nachbarn war sehr groß.

An diesem Sommertag sollte sich alles ändern. Plötzlich ging vor mir die Tür zu unserem Waschkeller auf und eine Nachbarin, eine ältere Dame, die über uns wohnt, kam heraus.

Ich war überrascht, wusste in dem Moment nicht, was zu tun ist, und sprach das aus, was mir in diesem Augenblick durch den Kopf ging:

"Na gut, jetzt ist es heraus!" Sie schaute zur Decke und fragte: "Was ist heraus?" In dem Moment verstand ich die Welt nicht mehr. Sie erkannte mich nicht. Nach ein paar Augenblicken hatte sie die Situation doch verstanden und ich fragte: "Schlimm?"

„Nein, überhaupt nicht!", war ihre Antwort und alle zuvor gehegten Befürchtungen waren wieder einmal grundlos gewesen.

Die Reaktion dieser Nachbarin war viel besser als erwartet und mir fiel ein großer Stein vom Herzen. Am selben Abend brachte ich einen Informationsflyer unserer Selbsthilfegruppe hoch. So lernte ihr Mann mich ebenfalls kennen. In einem kurzen Gespräch versicherte mir der Nachbar, dass es keine Probleme geben werde, da für sie beide der Mensch im Vordergrund stehe.

Mein Selbstbewusstsein wuchs ständig. Bis zu diesem Sommer waren meine Ausflüge immer in eine andere Stadt gegangen.

Mein Heimatort war bis dahin tabu, da die Begegnung mit Freunden, Verwandten und meinen Arbeitskollegen sowie denen meiner Frau wahrscheinlicher waren als an anderen Orten. Nun sollte es zum ersten Mal in meine Stadt gehen.

Die Fußgängerzone war noch nicht so voll und ich steuerte auf ein Kosmetikstudio zu, da mir ein bestimmter Lidschatten fehlte.

Die Inhaberinnen waren sehr nett. Leider hatten sie nicht das Gewünschte vorrätig. Bei einer Maniküre kamen wir ins Gespräch und plauderten darüber, was ich so mache, warum es so ist und wie wir damit umgehen. Während des Gespräches kamen wir auf das Thema Fotos und dass gute Bilder teuer sind. Bis jetzt gefiel ich mir, egal ob als Mann oder Frau, auf Bildern überhaupt nicht. Irgendetwas war immer verkehrt und ich mochte es nicht sehen. Der Zufall kam mir wieder einmal zur Hilfe. In ihrer Bekanntschaft gab es einen semiprofessionellen Fotografen, der auch ab und zu in dem Kosmetikstudio ein Fotoshooting veranstaltete.

Ich nahm die Gelegenheit wahr und vereinbarte einen Termin für Ende Oktober für meine Frau und mich.

Die Zeit verging. Es wurde Oktober und ich musste ein Rezept bei meinem Hausarzt abholen. Ich war zufällig in der Nähe, wenn auch als Frau gekleidet, aber das, dachte ich, wird wohl nichts ausmachen. Ohne weiter zu überlegen, öffnete ich die Tür zur Praxis und fragte nach dem bestellten Rezept. Die Angestellte sagte mir: "Da muss ihr Mann mal selbst kommen!" Das hatte ich nicht erwartet, stellte aber gleich richtig, dass ich der Patient war. Zur Problemklärung sollte ich kurz im Arztzimmer warten. Da mein Arzt sehr jung, dazu türkischer Abstammung ist, gingen mir einige Gedanken durch den Kopf.

Er kam herein, begrüßte mich und sprach mit mir über das Rezept. Zum Schluss bot er mir an, mir, wenn ich mit meinem Frausein Probleme bekäme, auf jede Weise zu helfen und diese professionell anzugehen. Das hatte ich nun wirklich nicht erwartet und dankte ihm.

Von diesem positiven Ereignis bestärkt, machte ich mich in das Krankenhaus auf, um einen Befund vom letzten Fibroscan meiner Leber abzuholen.

Im Sekretariat saß eine ältere Angestellte, die mir ein paar Wochen zuvor Blut abgenommen hatte. Sie war ebenfalls sehr nett und hat äußerst positiv auf mich reagiert. Nachdem ich alle Unterlagen hatte, gab ich ihr einen Flyer und sie wünschte mir alles Gute.

Das waren einige schöne Erlebnisse kurz nacheinander. Es lief sehr gut.

Ein paar Tage danach hatte ich im Labor mit einer Arbeitskollegin der Vertrauensleute zu tun. Sie betrachtete meine Fingernägel und fragte, traf mich damit aber unvorbereitet. Ich wollte ihr erst einmal nicht antworten.

In den nächsten Tagen hat der Mailverkehr mit ihr wesentlich zugenommen. Was sie schrieb, hat mir gezeigt, dass sie angemessen mit mir und dem Thema Transgender umgehen würde. So versuchte ich, meiner Kollegin langsam von mir zu berichten. Aus diesem Grund schrieb ihr ein paar Tage später eine E-Mail, in der ich ihr einen Link zu dem Lied "Zwei Seelen" vom Gendertreff schickte und sie bat, den Song bis zum Schluss anzuhören. Am nächsten Tag rief sie mich zu Hause an und ich hatte mein erstes Outing im Arbeitsumfeld. Natürlich versprach sie die Informationen vertraulich zu behandeln.

Der Oktober ging zu Ende und das Fotoshooting stand im Terminkalender. Wir sollten ungeschminkt zum Shooting erscheinen. Die Kosmetikerin war in ihrem Element und zauberte mit Farbe und Pinsel. Dabei erklärte sie jeden Schritt und ich versuchte so viel wie möglich davon zu behalten.

Der Fotograf stellte uns auf, wie er es wollte, und schoss ein Bild nach dem anderen. Zuerst war ich nervös, da ich Ähnliches noch nicht mitgemacht hatte. Doch mit der Zeit wurde ich lockerer. Nebenbei zeigte er schon ein paar Aufnahmen auf dem kleinen Display der Kamera und diese gefielen mir sehr gut.

Wenige Tage später kam die CD mit den Bildern. So etwas hatten wir vorher noch nicht gesehen. Ich glaube, dass dies auch der Augenblick war, der in meinem Kopf einen Denkprozess in Gang gesetzt hat. Das erste Mal sah ich einen anderen Menschen in mir. Zuvor konnte ich mein Frausein und den normalen Alltag als Mann relativ gut koordinieren. Mit den Bildern in der Hand ist mir das erste Mal bewusst geworden, dass es keine Spielerei oder eine vorübergehende Phase meines Lebens war, welche ich so nebenbei ausleben durfte. Es war der Baustein des Lebens, den ich so lange gesucht und anscheinend nun gefunden hatte.

Mit diesen Bildern überraschte ich meine Kollegin, die mich bis dahin noch nicht als Frau gesehen hatte. Sie war sehr überrascht, welche Veränderungen bei einem Menschen doch möglich sind, und während des Gespräches kam ihr eine Idee. Sie hatte für März 2011 ein Seminar des Bezirksfrauenausschusses mit dem Thema "Entscheidungen leichter treffen" organisiert und wollte mich nun dazu einladen. Das wäre das erste Mal, dass ich ein ganzes Wochenende außerhalb meines Zuhauses mein Frausein erleben könnte.

Der Zufall wollte es, dass ich Ende November einen Anruf von meinem Bruder bekam. Durch einen plötzlichen Wintereinbruch war er mit seinem Auto in den Graben gerutscht und brauchte Hilfe. Leider konnte ich nichts tun und gemeinsam warteten wir in der Kälte auf den Abschleppdienst. Wir vereinbarten für den nächsten Tag ein Treffen. Ich wollte ihn und seine Frau einweihen.

Zu Beginn waren beide sehr gespannt und fragten, ob wir im Lotto gewonnen hätten oder auswandern wollten.

Bevor die Fantasie noch weiter ging, zeigte ich ein Buch mit unseren Bildern vom Fotoshooting, das mir schon öfter eine große Hilfe gewesen war, mein Frausein zu erklären. Natürlich waren beide überrascht.

Mein Bruder musste sich in den nächsten Wochen und Monaten erst einmal mit der für ihn neuen Situation zurechtfinden, dass er eine Schwester hat.

Bruder und Schwägerin wussten jetzt Bescheid und das war in dem Moment das Ziel.

Es war Anfang Dezember - das Peter-Maffay-Konzert stand vor der Tür. Die Idee war im Frühjahr im Forum aufgekommen, ein Konzert in Köln zu besuchen. Meine Frau hatte keine Lust mitzukommen, so bestellte ich für mich eine Karte. Insgesamt waren wir zu dritt, die zu dem Konzert wollten. Im Frühjahr war nicht klar gewesen, wie wir dort hingehen, ob als Frau oder Mann. Diese Überlegung gab es jetzt, da das Konzert anstand, nicht mehr.

Es war klar, dass ich das Konzert als Frau erleben will, und Sabrina, meine Kosmetikerin, ließ es sich nicht nehmen, mich für den Abend schick zu machen. Der Abend verlief ganz normal. Ich holte die beiden anderen ab und wir fuhren zur Köln-Arena. Die Taschen wurden am Eingang kontrolliert, wir gaben unsere Mäntel an der Garderobe ab und suchten unsere Plätze. Da wir die Karten nicht zusammen bestellt hatten, saßen wir in verschiedenen Blöcken der Halle. Das Konzert begann und niemanden interessierte, was für eine Frau neben ihm saß. Insgesamt waren 11000 Menschen in der Halle und feierten zusammen, ein ganz tolles Erlebnis für mich, an das ich mich sehr gerne erinnere.

Etwa Mitte Dezember entschied ich mich, eine so genannte INOS-Behandlung zur Bartentfernung zu beginnen. Der Bartschatten störte mich doch sehr und musste endlich weg. Natürlich ist so eine Behandlung nicht angenehm und teuer; sie wird aber, sollte es wie versprochen funktionieren, vieles einfacher machen. Zum Beispiel wird der Einsatz von Make-up wesentlich geringer werden.

Zudem hatte ich mir die Findernägel bei meiner Kosmetikerin mit Gel überziehen lassen. Das fällt etwas mehr auf, sieht aber auch besser aus und die Nägel brechen nicht mehr so häufig ab.

Das Jahr ging zu Ende. Was ich vorher nie gedacht hätte: Ich gehe ohne Nervosität meinen Weg und zwar als Frau. Wenn mir das irgendjemand zu Beginn des Jahres gesagt hätte, ich hätte ihm wahrscheinlich nicht geglaubt. Mein Selbstvertrauen ist dermaßen angestiegen, dass das Kopfkino fast keine Rolle mehr spielt. Durch die Arbeit in der Selbsthilfegruppe und die Entwicklung, die ich im letzten Jahr gemacht hatte, wurde ich in den Kreis der Co-Moderatoren des Gendertreffs aufgenommen.

Ich freute mich, obwohl ich doch dazu neige, Veränderungen und Neues erst einmal kritisch zu sehen.

Das Seminar beim Bezirksfrauenausschuss der IGBCE lag vor mir. Dazu ist ein eigener Blogbeitrag in unserem Forum des Gendertreff Rheinland, mit dem Titel „Ein Seminarerlebnis" erschienen:

„Ich kann es selbst kaum glauben. Da war ich, dank meiner Kollegin, bei einem Seminar über das Thema Entscheidungen," eingeladen.

Wir fuhren gemeinsam zum Tagungshotel. Mir war ein wenig mulmig, da ich so etwas noch nicht gemacht hatte. Wie würden die restlichen Teilnehmerinnen auf mich reagieren? Während der Fahrt unterhielten wir uns über die kommenden Situationen. Gemeinsam wollten wir die Reaktion der Anderen austesten und verabredeten, dass ich erst einmal nichts verraten sollte.

Zuerst meldeten wir uns an der Rezeption und bekamen die Zimmerschlüssel. Zu meiner Überraschung war ich als Nathalie im Hotel angemeldet.

Nachdem wir die Koffer in die Zimmer gestellt hatten, gingen wir gemeinsam in die Lobby. Zwei der insgesamt zehn Teilnehmerinnen waren schon da und ich stellte mich als Nathalie vor. Erst einmal keine besondere Reaktion. Nach und nach trafen auch die restlichen Frauen ein. Es wurde Zeit für das Abendessen. Wir kamen sehr schnell ins Gespräch, unterhielten uns über das Seminar und die Teilnehmer. Da ich die einzige Neue war, kamen einige auf die Idee, mich bei der Vorstellungsrunde im Seminar in die Mitte zu setzen. Jede sollte das Positive an mir beschreiben. Ich hörte auf einmal mein Herz klopfen. Irgendwie war mir der Einfall überhaupt nicht recht und ich machte den Vorschlag einer ganz normalen Vorstellungsrunde, da ich ja auch niemanden kannte.

Bei der Vorstellung kam die Katze aus dem Sack. Einige lächelten, andere staunten und bei ein paar Frauen war gar keine Reaktion zu sehen.

Am Abend saßen wir in einer Sitzgruppe beisammen und bei einem Bier, Wein oder anderem Getränk hatten wir viele gute Gespräche. Es war ein so tolles Zusammensein, dass die Zeit wie im Flug verging. Gegen 23.30 Uhr ging ich dann auch in mein Zimmer. Alles war gut, sehr gut, perfekt.

Dann kam die Nacht und leider hatten wir in dem fast vollen Hotel auch ein paar Gäste, die ihren Alkoholkonsum nicht so sehr im Griff hatten. Diese gingen zwischen 0.30 und 4.30 Uhr mit einem solchen Geräuschpegel zu ihren Zimmern, dass an Schlaf nicht zu denken war. Ich hätte wohl doch von den Betthupferln Gebrauch machen sollen, oder?

Der zweite Tag war genauso interessant wie der erste. In einer Pause sagte eine Teilnehmerin, dass sie, als sie mich zuerst gesehen hat, schon etwas geahnt hätte. Sie sagte sich, da stimmt was nicht, war sich aber unsicher was, da eine Kollegin von ihr auch einen starken Körperbau hatte. Alles in allem wurde ich von der gesamten Gruppe superlieb aufgenommen. Es war ein tolles Erlebnis für mich. Zu meiner Überraschung wurde ich zum Abschluss von der Gruppe zu weiteren Teilnahmen eingeladen. Ich fand das total schön von den Mädels. Vielen Dank auch an meine Kollegin, die diese tolle Idee zu der Seminarteilnahme hatte."

Die Nachbarn bei uns im Haus haben mittlerweile, da meine Zeit als Frau sehr zugenommen hatte, nach und nach von mir die notwendigen Informationen bekommen, so dass ich mich nicht mehr aus dem Haus schleichen muss, sondern wie jede andere meine Pflichten und Besorgungen erledige. Dazu gehören auch die Einkäufe von Lebensmitteln, Arztbesuche und vieles mehr. Man kann sagen, dass ich seit Anfang Juni 2011 meinen Alltag als Frau bestreite. Zu diesem Zeitpunkt waren meine Arbeit und die Besuche bei den Eltern und der Schwiegermutter noch von meinem Alltagsleben als Frau ausgenommen. Dort schaffe ich es noch nicht, von mir zu erzählen.

Dazu passt, dass ich im Mai meine Schwiegermutter zu ihrer Schwester in die Nähe von Berlin gefahren habe. Das Erste, was dort auffiel, waren meine getönten Haare. Natürlich hatten wir uns lange nicht gesehen und die Veränderungen fielen dadurch auf. Ich versuchte, das Ganze so gut es ging zu verbergen.

Mich in der Familie zu outen, nein, dazu war ich einfach noch nicht bereit.

Dann kamen die ersten Bemerkungen zu meinen Fingernägeln. Das wurde mir dann doch zu viel und ich war froh, am nächsten Tag die Rückfahrt antreten zu können. Das war kein schönes Erlebnis und ich musste überlegen, wie ich zukünftig mit ähnlichen Situationen umgehen wollte.

In diese Zeit fiel die Überlegung eine Reise zu unternehmen. Nur zwei Frauen - Silvia und ich.

Zuerst wollten wir Hamburg besuchen. Wir kannten Hamburg schon aus der Vergangenheit, dazu ein schönes Hotel, und verbinden wollten wir das Ganze mit einem Musicalbesuch.

Leider wurde die Veranstaltung nur in Deutsch aufgeführt, was uns beiden missfiel.

So kam London ins Gespräch. Natürlich wollten wir mit dem Flugzeug nach London reisen. Meine Frau hatte Bedenken, ob ich als Frau Schwierigkeiten bekommen würde. Ich hatte von einigen Freundinnen gehört, dass es für Transgender einen Zusatzausweis von der DGTI gibt. Ich benötigte dafür entweder eine Überweisung zum Psychiater mit der Diagnose F64V oder ein ärztliches Schreiben, das meine Transidentität vermuten lässt oder diese bestätigt.

Mein Hausarzt hatte mir vor ein paar Monaten jede Hilfe angeboten, also ging ich in die Praxis und erklärte ihm mein Vorhaben. Er gab mir eine Überweisung zum Psychiater und riet mir diese Beratung auch anzunehmen. Seiner Ansicht nach hatte ich mich im letzten halben Jahr so weit entwickelt, dass er mir dringend zu dem Besuch bei einem geeigneten Therapeuten riet. Mir sind die Veränderungen gar nicht so aufgefallen. Klar, ich war in der letzten Zeit immer öfter, auch bei den vielen Dingen des Alltags, weiblich unterwegs. Aber er hatte vollkommen Recht. Meine Welt veränderte sich in rasender Geschwindigkeit.

Mit der Überweisung bestellte ich nun den Zusatzausweis und machte, den ärztlichen Rat befolgend, einen Termin bei einer Psychiaterin aus. Zu meiner Überraschung bekam ich den Termin innerhalb von 14 Tagen.

In der letzten Zeit flogen meine Gedanken immer von A bis Z. An manchen Tagen wollte ich, was früher nie ein Thema war, ganz Frau sein – inklusive - Hormongaben und angleichender Operation. An anderen Tagen dachte ich, dass ich doch alles habe, warum weiter gehen? Alles war sehr verwirrend und ich merkte, dass es so nicht weitergehen konnte.

Es ist die Zeit gekommen, den eigenen Weg zu finden. Was bin ich? In welche Schublade passe ich hinein? Ab diesem Zeitpunkt sollte sich mein weiterer Weg mit Hilfe der Therapeutin zeigen und klarer werden. Bin ich transident und will ich meine Weiblichkeit voll ausleben oder ist die Teilzeitlösung der richtige Weg? Es lag sehr viel Arbeit vor mir, diese Frage eindeutig zu beantworten.

An einen Sommertag erinnere ich mich noch sehr gerne. Es war warm und ich ging in der Fußgängerzone spazieren. In der Eisdiele kaufte ich mir ein Eis und setzte mich auf eine Parkbank, genoss Eis und Sonne. Ich hatte Zeit, da ich mich erst eine halbe Stunde später mit meinem Frisör verabredet hatte. Zufällig setzte sich eine junge Frau mit ihrem Kinderwagen zu mir und wir kamen schnell ins Gespräch. Sie erzählte von ihrer Schwangerschaft, von der Geburt und der Zeit danach. Einfach so, zwei fremde Frauen unterhielten sich. Die Zeit verging und mein Termin rückte näher. Wir wünschten uns alles Gute und gingen unserer Wege. Mir fiel auf, dass ich der Frau nichts von meiner Transsexualität erzählt hatte und auch den Flyer hatte ich vergessen mitzugeben. Mir war es während des Gespräches gar nicht bewusst, ob ich Mann oder Frau war. Ich war einfach ich selbst.

Das Wunschdenken und meine Ängste, Vorhaben umzusetzen, kämpften immer wieder ihre Schlachten. Die Situation an meinem Geburtstag war dafür typisch.

Seit langer Zeit hatte ich an meinem Geburtstag das erste Mal frei. Meine Mutter, die einen Tag vor mir Geburtstag feiert, lud die Verwandtschaft am Samstag ein. Nach der Feier war ich sehr traurig. Meine Frau bemerkte es und fragte mich, was los ist. Ich hatte eine Wunschvorstellung, die nicht aus meinem Kopf ging:

Wir saßen, wie bei der Familienfeier, zusammen und alle gaben mir einen Umschlag mit einer Karte.

Ich öffnete einen nach dem anderen. Auf allen Karten stand das Gleiche: "Wir kennen Dich, Nathalie, verstehen es und haben Dich immer noch lieb." Als ich es meiner Frau erzählt, brachen wir beide in Tränen aus.

Es ist schön jemanden zu haben, der so ein starker Haltepunkt ist, dem ich alles erzählen kann, der mit mir weint und mir so sehr hilft. Leider überwältigen mich ähnliche Gedanken immer mal wieder. Ich denke, irgendwann wird meine Familie auch von mir erfahren und ich hoffe, dass sie mich nicht verstoßen wird.

Mein Geburtstag war aber auch ein tolles Erlebnis. Gemeinsam mit dem Gendertreff trafen wir uns zum Kaffeeklatsch und anschließend mit einigen Bekannten vom Moderatorenteam zum Abendessen.

Der erste Termin bei meiner Psychiaterin kam und aus heutiger Sicht war es eine gute Entscheidung hinzugehen. Wir haben ausgemacht, dass Inhalte und Gespräche aus den Sitzungen nicht öffentlich gemacht werden. Deshalb werde ich zu den Sitzungen hier nichts schreiben.

Im Juli hatte ich ein Gespräch bei unserer Personalabteilung. Eine junge Sachbearbeiterin saß mir gegenüber und sie gab mir etliche Tipps, wie ich zukünftig mit der Angelegenheit umgehen sollte, derentwegen ich sie kontaktiert hatte. Das Gespräch lief sehr gut, ich fühlte mich gut aufgehoben und weihte sie in mein Geheimnis ein. Zur weiteren Erklärung zeigte ich ihr meinen Zusatzausweis, den ich inzwischen per Post erhalten hatte. Auch wenn es nicht zum ursprünglichen Thema gehörte, sie hörte mir zu und gab mir ein paar Tipps mit auf den Weg. Sie sicherte mir jede Unterstützung der Personalabteilung zu.

Ich war sehr froh, da in Gesprächen in der Selbsthilfegruppe auch andere Fälle beschrieben worden waren, die nicht so gut ausgegangen sind.

Es lief gut. Die Behandlung zur Bartentfernung funktionierte, meine Frau unterstützte mich, wo sie nur konnte, und wir planten die gemeinsame Reise nach London. Inzwischen hatten auch zwei Arbeitskollegen Informationen über meine

Transidentität bekommen, die zum Glück gut damit umgehen konnten. Einer der beiden Kollegen kennt mich schon seit unserer gemeinsamen Schulzeit.

Da wir im Jahr 2012 dreißig Jahre die Schule hinter uns gelassen haben und ein Klassentreffen organisiert werden sollte, schrieb ich an unsere damalige Schulsprecherin, dass ich eine kleine Überraschung zum Organisationstreffen mitbringen würde. So stand ich vor der Tür und klingelte. Ihre Mutter öffnete die Türe, musterte mich und ließ mich hinein. Oben auf der Treppe wartete die ehemalige Klassenkameradin schon, sah mich und umarmte mich mit den Worten: "Du machst ja Sachen!"

Sie wollte alles wissen. Wir redeten stundenlang von früher, über sie, über mich und was wir die lange Zeit über erlebt hatten. Auf einmal schaute sie mich sehr genau an. Sie meinte, früher sei ich so still gewesen, immer leicht traurig.

Wenn sie mich jetzt so anschaue, wie ich aus mir herauskomme ... meine Körpersprache zeige einen anderen Menschen, so als wenn es immer so gewesen sei, nur dass niemand es gesehen habe. Wir sprachen dann noch über die Planung für das Klassentreffen, bevor wir uns verabschiedeten.

Kurze Zeit später kam ein Brief vom Landesarbeitsgericht Düsseldorf bei mir an. Der Deutsche Gewerkschaftsbund hatte mich als ehrenamtlichen Arbeitsrichter vorgeschlagen und ich musste meine persönlichen Daten einreichen.

Zu dieser Zeit kam die Benachrichtigung sehr überraschend. Natürlich war ich vorher gefragt worden, ob ich für gerichtliche Aufgaben auf eine Liste gesetzt werden möchte. Das war vor etlichen Monaten gewesen und da nichts weiter gekommen war, hatte ich das Ganze schon wieder vergessen. Nun gut, ich füllte das Schreiben ordnungsgemäß aus und schickte alles zurück an die zuständige Stelle.

Die Reiseunterlagen für London kamen und so langsam ging es an das Kofferpacken. Zu der Reise gab es wieder einen Blogbeitrag im Gendertreffblog, den ich hier übernehme:

„Ich glaube, ich beginne heute mal mit dem Resümee der Reise. London ist eine tolle Stadt, die nie schläft und immer Neues zu bieten hat. Ein Erlebnis vom Anfang bis zum Ende der Reise. Natürlich hatten wir im Vorfeld Pläne gemacht, uns verschiedene Dinge überlegt, was wir so machen wollten und natürlich auch, ob ich die gesamte Zeit als Nathalie nach London fahre.

Zum Glück war das Kopfkino so weit abzuschalten, dass schnell klar wurde: Allein Silvia und Nathalie gehen auf die Reise. Auch für Silvia war die Vorstellung, mit Nathalie zu verreisen, etwas ganz Neues und Spannendes dazu.

Zuerst packten wir unseren Koffer. Wie sich herausstellte, hatte ich mehr Sachen eingepackt als Silvia. Das war auch etwas Neues. Die Reiseunterlagen waren da, das Taxi bestellt, es konnte nichts mehr schiefgehen.

Da wir mit der Lufthansa ab Düsseldorf flogen, mussten wir an den elektronischen Terminals unsere Bordkarte ziehen und den Personalausweis einscannen. Komischerweise bei Silvia kein Problem, bei mir nahm der Automat den Personalausweis nicht an.

So konnten wir weitergehen und das Gepäck abgeben, wo ich auch, nach etwas Verwirrung beim Personal, meine vom Automaten verweigerte Bordkarte bekam. Dann mussten wir durch die Sicherheitskontrolle. Natürlich piepste der Automat wegen meiner Nägel in den Absätzen. Die Angestellte winkte mich heran und fing sofort mit dem Abtasten an, bis sie den Rock erreichte. Dort merkte sie den kleinen Unterschied und sagte nur leicht nervös: „Okay..."

Danach wollte der Zoll noch den Personalausweis sehen und ich gab ihn ab. Der Beamte reichte ihn mir zurück und sagte: „Nö!". Erst nach dem Studieren meines Zusatzausweises ließ er mich passieren.

In dem Moment war ich sehr froh, dass ich den DGTI-Ausweis beantragt hatte.

In London angekommen, war eigentlich alles völlig normal. Ich muss sogar im Nachhinein zugeben, dass ich nicht eine Sekunde darüber nachgedacht habe, ob ich nun als Mann oder Frau dort war.

Es war alles so selbstverständlich. Niemand, dem wir begegneten, hat mir das Gefühl gegeben, dass irgendetwas falsch war.

Beim Einchecken im Hotel wurde ich nur gefragt, ob ich wirklich mit meinem Männernamen registriert werden wolle.

Über das Wetter konnten wir auch nicht meckern. Immer leicht bewölkt, etwas windig und einen Tropfen Regen - und die Perücke hat alles mitgemacht. Was will man mehr? Natürlich haben sich am Abend die Füße gemeldet. Warum auch nicht? Wir sind ja auch den ganzen Tag durch London gezogen und waren am Abend so platt, dass wir immer ins Bett gefallen sind.

Die 5 Tage vergingen wie im Flug. Alles war so, wie es immer ist, normal eben. Einzig der deutsche Zoll bei der Einreise in Düsseldorf wollte mich ohne den Zusatzausweis vorzuzeigen nicht durchlassen. Ich würde das mal als deutsche Gründlichkeit bezeichnen."

Das war mein Bericht über unsere Reise nach London. Es war uns die gesamte Zeit über egal, ob ich als Frau oder als Mann im Urlaub bin. Es war einfach normal, London zu sehen, und es gab auch keinen Grund, darüber nachzudenken, ob etwas anders ist als sonst.

Der November lag vor mir. Ein ereignisreicher Monat, der viel in meinem Leben verändern sollte.

So ging es Anfang November nach Frankfurt zu einer Delegiertenkonferenz für die Konzernaufsichtsratswahl, dann meine erste Gerichtsverhandlung als ehrenamtlicher Arbeitsrichter und zum Ende des Monats auf meine

Jubilar-Feier, da ich in diesem Jahr 25 Jahre in unserem Unternehmen tätig war.

Für die Fahrt nach Frankfurt war im Vorfeld eine Besprechung angesetzt, um die Reise mit der Bahn vorzubereiten. Ich nutzte diese auch, einen kleinen Kreis von Kollegen einzuweihen, und verriet meine Absicht als Frau nach Frankfurt zu fahren. Mir war es sehr wichtig, dass die Kollegen verstehen, was mit mir los ist, und dass unser gutes Verhältnis erhalten bleibt.

Vor der Fahrt musste ich noch etwas Wichtiges erledigen. Dafür hatte ich im August bei meinem Vorgesetzten ein Zwischenzeugnis bestellt, damit ich eine neutrale, unbeeinflusste Bewertung meiner Arbeit bekomme. Ich bat meinen Chef um ein persönliches Gespräch und wir saßen uns gegenüber.

Es war für mich schwierig anzufangen. Ich nutzte ein paar Bilder vom Fotoshooting und einen Flyer, um von mir und meinem Weg zu erzählen. Überrascht, aber professionell hörte er zu. Ich war sehr erleichtert, als er Stellung nahm. Fakt sei, solange ich meine Arbeit machte, sei es ihm egal, ob ich es als Mann oder Frau täte. Das war wesentlich mehr, als ich erwartet hatte.

Er machte sich nur Sorgen, wie die Kollegen damit umgehen würden. Wir vereinbarten, dass ich je nach Situation die entsprechenden Informationen herausgeben werde. Sollte ich Hilfe oder Unterstützung benötigen, würde ich mich an ihn, den Betriebsrat und die Personalabteilung wenden, um die Probleme zu lösen. Ich war beruhigt, die Angst, meinen Arbeitsplatz zu verlieren, war aus der Welt. Ein großer Stein war aus dem Weg geräumt.

Als ich die Ladung zum Arbeitsgericht bekam, war ich etwas unsicher, wie es damit in der Zukunft aussehen wird. In den letzten Jahren war so viel passiert, was ich mir nie hätte vorstellen können, und ich hatte das Gefühl, es gehe immer schneller voran.

Die Berufung zum Arbeitsgericht gilt erst einmal für fünf Jahre. Über diesen langen Zeitraum kann ich nicht voraussehen, was für Veränderungen noch kommen. Aus diesem Grund rief ich beim Landesarbeitsgericht die zuständige Sachbearbeiterin an und versuchte meine Lage als Transgender so gut es ging zu erklären. Was ist zum Beispiel mit der Kleiderordnung, wenn ich meinen Alltagstest mache? Wie verhält sich das Gericht in Bezug auf meine Transsexualität? Alles für mich wichtige Fragen.

Die Sachbearbeiterin bat mich um etwas Zeit, da sie sich auch erst einmal erkundigen musste. Ein paar Tage später rief sie zurück. Aus der Sicht des Gerichtes gebe es kein Problem. Ganz normale legere Kleidung sei bei der Sitzung in Ordnung. Ich solle nur vorher Bescheid geben, wie ich vor Gericht erscheinen werde.

Zum ersten Gerichtstermin bin ich als Mann gegangen. Ich wollte nicht gleich mit der Tür ins Haus fallen. Der hauptamtliche Richter fragte bei unserem ersten Zusammentreffen nur, wie er mich anreden solle. Er war also schon informiert und ich sagte ihm, so wie ich gekleidet bin, möchte ich auch bitte angesprochen werden. So legte ich den Diensteid ab und mein Verhandlungstag konnte beginnen.

In den letzten Monaten sind mir Gedanken durch den Kopf gegangen, die bis dahin nie so richtig ein Thema waren. Ich hatte schon früher über die Einnahme von weiblichen Hormonen nachgedacht. Die ersten Überlegungen zum kompletten Weg zur Frau kamen mir in den Sinn. Geschockt von der GaOP einer Bekannten, die wirklich nicht optimal verlief, zweifelte ich wieder mehr, ob dies mein Weg ist.

Ich merke aber, dass die Zeit für Veränderungen gekommen ist und dazu gehörte mein Outing in der Firma.

Wir hatten für die Konferenz in Frankfurt eine kleine Fahrgemeinschaft zum Bahnhof in Duisburg ausgemacht. Dort angekommen ging ich – als Frau –zusammen mit einem Arbeitskollegen durch den Hauptbahnhof zum Treffpunkt am Haupteingang, wo die restlichen Kollegen schon warteten.

Manche leicht irritiert, andere einfach überrascht, waren wir gemeinsam auf dem Weg zu unserem Zug.

Leider hatte ich im Vorfeld nicht alle mitfahrenden Kollegen informieren können, deshalb die unterschiedlichen Reaktionen.

Die Zugfahrt verlief reibungslos. Wir, die Kollegen und ich, nutzten die Zeit und unterhielten uns über die neue Situation.

In Frankfurt am Tagungshotel bat ich unseren Betriebsratsvorsitzenden um ein kurzes Gespräch. Ich war mir inzwischen zu 100 % sicher, dass ich zur Jubilarfeier als Nathalie erscheinen würde. Darum bat ich ihn, mich nicht mit meinem männlichen, sondern mit dem weiblichen Vornamen bei der Feier aufzurufen.

Mir sei bewusst, dass das noch nicht korrekt sei, aber da ich als Frau dort sein würde, würde ich mich sehr darüber freuen. Er versprach die notwendigen Stellen zu informieren und sah auch kein Problem darin.

So konnte die Konferenz beginnen, die ohne besondere Vorkommnisse ablief. Auch die Rückfahrt ist normal verlaufen.

Früher habe ich mir Gedanken gemacht, ob die Leute es nicht sehen oder nicht sehen wollen, dass ich eigentlich noch Mann bin. Heute ist es mir egal... es ist mein Leben und warum soll ich nicht meinen Weg gehen?

Für die Jubilar-Feier hatte ich mir einen karierten Rock, ein schwarzes Top und eine lila Bluse herausgelegt. Mit meiner Kosmetikerin war ein businessfähiges Make-Up abgesprochen. Für diesen besonderen Anlass wollte ich ein perfektes Outfit haben, schließlich hatte ich mit der Geschäftsführung unserer Firma zu tun.

Für den feierlichen Anlass war das Restaurant im Kasino Duisburg angemietet worden, um insgesamt 80 Jubilaren einen entsprechenden Rahmen zu bieten.

Ein tolles Menü wurde serviert und die Geschäftsführung hat zu jedem Jubiläum passend ein paar Ereignisse aus dem entsprechenden Jahrgang präsentiert. Rundum ein sehr gelungener Abend für alle. Ich nutzte später am Abend die Gelegenheit und bedankte mich persönlich beim Betriebsrat und der Personalsachbearbeiterin für die große Hilfe und dafür, dass ich ein wunderschönes Jubiläum erleben durfte. Ich konnte zu Beginn sicher nicht davon ausgehen, dass mir so viel geholfen würde, mein Outing in der Firma in so einem Rahmen zu erleben.

Die nächsten zwei Tage war ich auf einer betriebsinternen Schulung für Projektmoderatoren. Am Ende des ersten Tages bat ich die Gruppe kurz zu bleiben. Ich fragte in die Runde, ob es jemanden stören würde, wenn ich morgen als Frau auftauchte. Es störte niemanden und so arbeiteten wir ebenso wie am Vortag in der Schulungsmaßnahme.

Das Ganze hatte natürlich seinen Sinn und ich hoffte, dass es auch so, wie ich es mir vorstellte, funktionieren würde. Die Bilder, die von der Jubilar-Feier und dem Lehrgang gemacht wurden, erschienen wenig später in unserer werkseigenen Zeitung. Ich wollte mich nicht mehr verstecken oder auf der Hut sein, erkannt zu werden. Die Hoffnung war, dass ein paar Kollegen mich auf den Bildern erkennen beziehungsweise ansprechen würden, wenn sie mich auf den Fotos nicht finden konnten.

Als ich aus meinem Urlaub kam, sprach mich als Erster unser stellvertretender Schichtmeistern auf das Bild an, fragte, ob ich nicht auf der Feierstunde gewesen sei. Seine Reaktion und die des Kollegen, der zufällig mit anwesend war, hat mich sehr überrascht. Sie fragten sehr ernst, keine blöden Sprüche, kein Mobbing, nein, echtes Interesse wie, warum und seit wann. Viel besser, als ich es mir je vorgestellt hatte.

Ich konnte nur hoffen, dass die restlichen Kollegen ähnlich reagieren und mir die Arbeit nicht schwerer machen würden. Ein Kollege beschwerte sich nur, dass die Schichtkollegen zuletzt informiert wurden. Er hatte schon Gerüchte aus einem anderen Betriebszweig mitbekommen.

Ich konnte diese Gedanken nicht nachvollziehen, trotzdem konnte ich ihn beruhigen, dass er zwar nicht der Erste, aber auch nicht der Letzte sei, der nun Bescheid wisse.

Durch das Outing in meinem Betrieb haben natürlich auch andere Betriebszweige, die nichts mit unserem Kraftwerk zu tun haben, von mir Kenntnis bekommen. Leider wurden auch einzelne Kollegen von mir mit unqualifizierten Fragen oder Anmerkungen konfrontiert. Zum Beispiel kam der Spruch "*ihr von der Schwulenschicht*" oder *Tuntentruppe*.

Ich finde so etwas deplatziert, schade und völlig unnütz, da meine Kollegen ja nichts mit meiner Transsexualität zu tun haben oder dafür können. Ich hoffe, die anderen Kollegen werden mit der Zeit vernünftiger und es wird wieder ein normaler Umgang möglich sein.

Meine Schichtkollegen und einige von anderen Schichten, die schon informiert waren, ließen mir jede Hilfe zukommen und arbeiten optimal mit mir zusammen, genau wie vorher auch.

Wie naiv ich war anzunehmen, dass niemand meine Veränderungen bemerkt, musste ich im Nachhinein auch feststellen. Einige Kollegen sahen es, sprachen aber nicht darüber. Ein paar ließen ihrer Fantasie freien Lauf, so dass sie mich eher im Swinger Club oder Ähnlichem vermutet hätten. Die Überraschung war groß, als die Wahrheit ans Licht kam.

Die Erfolgsmeldungen von anderen Transgendern aus unserem Forum verleiten mich manchmal dazu, etwas gierig zu werden. Ein gutes Beispiel hat Xenia mit ihrem Outing am Arbeitsplatz gegeben. Mit Ruhe und Bedacht ist sie Schritt für Schritt bei ihren Arbeitskollegen und Vorgesetzten vorgegangen. Zu Weihnachten kam eine andere Meldung. *Marina* hatte sich bei ihrer Stiefschwester geoutet und zusammen mit ihrer Familie das Weihnachtsfest gefeiert.

Ich finde das toll und muss ehrlich zugeben, dass ich mir so viel Mut auch gewünscht hätte. Solche Informationen überfordern mich zurzeit noch und manchmal rollen ein paar Tränen.

Wenn ich realistisch darüber nachdenke, wird mir klar, dass ich mich von Erfolgen anderer nicht mitreißen lassen darf, sondern meinen eigenen Weg finden muss.

Der Bildungsurlaub war genehmigt und ich packte wieder meinen Koffer. Dass ich mit dem Auto nach Bad Münder fuhr, bedeutete weniger Stress. Im Bildungszentrum angekommen, ging mein erster Weg in das Büro, wo ich meinen Zimmerschlüssel bekommen sollte.

Das Seminar war gut besucht und, was mich etwas verwunderte, niemand hatte Fragen zu Nathalie. Ich war von der ersten Minute von der Gruppe akzeptiert und wurde mitgenommen, als wenn es so sein müsste. Ein tolles Gefühl. Die Referentinnen, Petra und Mary, verstanden es den Seminarinhalt interessant und abwechslungsreich zu vermitteln. Eine schöne Abwechslung am Montag- und Mittwochabend war die Massage bei Martina, für die ich mich sobald es ging anmeldete. Sie kannte mich schon aus dem Vorjahr, als sie sofort meine Gel-Nägel erkannt hatte. Nun stand ich vor der Tür und sie erkannte mich sofort wieder. Sie begrüßte mich und hatte sich schon gedacht, dass ich in diesem Jahr als Frau zum Lehrgang kommen würde. Ihr war es damals schon klar. Da wusste sie mehr als ich selbst.

Leider gab es auch eine schlechte Erfahrung, die ich in der Nacht zum Donnerstag machen musste. Dazu ist dieser Beitrag als Blog erschienen:

„Nach drei schönen Tagen schellte um 1.20 Uhr mitten in der Nacht das Telefon. Ich wachte auf, nahm den Hörer ab und hörte eine männliche Stimme. „Hast du Lust auf Ficken?" Ich war total verwirrt und legte den Hörer sofort wieder auf. Meine Güte, was gibt es nur für kranke Menschen, dachte ich mir und legte mich wieder in das Bett. Kurze Zeit später kam schon wieder ein Anruf. Diesmal legte er sofort wieder auf. Ich wurde ärgerlich, an Schlaf war nicht mehr zu denken. Wie konnte das sein? Was für kranke Männer gibt es? Ich legte für den Rest der Nacht den Telefonhörer neben den Apparat, so dass er keine Chance mehr bekam. Aber das nutzte mir nichts.

Direkt nach dem Frühstück ging ich zum Büro und wollte die Nummer des Anrufers herausbekommen. Leider war die Telefonanlage älter, die Daten konnten nicht ermittelt werden. Das gab mir den Rest. Irgendwer ruft an, bleibt im Hintergrund und freut sich darüber, dass es mir schlecht geht. Ich war verärgert, zornig, gedemütigt und hatte keine Möglichkeit dagegen anzugehen. In diesem Moment stellte ich alle unter Generalverdacht. Wer war der Feind?

Kurz vor Seminarbeginn sprach mich Frank, ein superlieber Kollege, an, warum ich so traurig sei. Es tut mir heute leid, aber in diesem Moment wollte ich nicht reden, mit niemandem. Ich flüchtete unter Tränen in mein Zimmer und schloss die Türe ab. Die Nerven gingen mir durch und ich hatte keine Chance dagegen anzukämpfen.

Etwas später, nachdem ich etwas ruhiger geworden war, begab ich mich in den Seminarraum und versuchte am Unterricht teilzunehmen. Es gelang mir nicht. Den ganzen Vormittag versuchte ich die Stimme zu erkennen. Wer war es? An etwas anderes konnte und wollte ich nicht denken.

Es war 12.15 Uhr und die Mittagspause unterbrach den Unterricht. Ich blieb sitzen und Petra, eine unserer Referentinnen, sah mich an. „Ich sehe schon, dass es dir nicht gut geht. Was ist passiert?" In diesem Moment kam die ganze Wut und Enttäuschung aus mir heraus und tränenüberströmt erzählte ich ihr von meinen Erlebnissen in der Nacht. Ich war ihr sehr dankbar. Sie hörte zu, verstand, was mich so sehr verletzte und versuchte mich wieder zu stabilisieren. Das Gespräch mit ihr war für mich das, was mir in der Lage helfen konnte. Petra hatte so nicht nur die starke, souveräne Nathalie kennengelernt, sondern auch eine sensible, angreifbare Frau.

Nach etwa einer Stunde wurde ich ruhiger und wir konnten das Gespräch gut zu Ende bringen. Wir besprachen noch, wie das Seminar für mich weiterlaufen konnte. Natürlich kam der Gedanke auf, den Kurs abzubrechen, doch dann hätte die Telefonstimme gewonnen und das wollte ich auf keinen Fall. Er sollte sehen, dass ich mich nicht geschlagen gebe. So blieb ich, konnte aber je nach meiner Verfassung im Hintergrund bleiben, um das restliche Seminar zu erleben. So gestärkt waren wieder klare Gedanken möglich und mir wurde bewusst, dass es niemand aus unserem Seminar sein konnte. Nein, ich traute ein solches Verhalten keinem von uns zu. Am Abend trafen sich die Teilnehmer wie üblich in der Bierstube. Natürlich hatten einige mein Stimmungstief mitbekommen und sprachen mich an. Zum Glück gelang es mir nun das Erlebte zu erzählen. Die Reaktionen der Kollegen waren eindeutig. Das Ganze war nicht zu tolerieren und viele boten mir Ihre Hilfe an."

Es ist schön, dass es so viele liebe, verständnisvolle Menschen gibt. So fallen die wenigen Idioten auf der Welt nicht mehr ins Gewicht, so dass es eigentlich nicht lohnt darüber nachzudenken.

Meine erste schlechte Erfahrung war heftig, aber wahrscheinlich notwendig, um für die Zukunft gerüstet zu sein. Ich habe gelernt, dass es nicht nur positive Erfahrungen gibt und ich werde auch damit umgehen.

Auch wenn ich das Seminar in guter Erinnerung behalten werde, so manchen Gedanken kam ich an die Nacht nicht verdrängen. Aber, wie eine Freundin zu mir sagte, ich darf mich nicht von diesem Ereignis abhängig machen und sogar mein Verhalten auf diese Situation abrichten. Meine Hilflosigkeit in diesem Moment beschäftigt mich doch noch sehr.

Mindestens einmal im Jahr versuchen wir ein Theaterstück einer Laienspielgruppe im Nachbarort zu besuchen. Seit ich meine Frau kennengelernt habe, versuchen wir, je nach Schichtplan, mit unseren Freunden dorthin zu gehen.

Nun kam die Überlegung auf, ob etwas dagegen spricht, wenn ich als Frau dorthin gehe. Da ich als Nathalie bei unserem alten Freundeskreis noch nicht bekannt war, wurde es Zeit, das zu ändern.

Wir dachten, dass ich zumindest bei einem Paar vor dem Theaterbesuch meine Transsexualität erklären musste, um die Überraschung allen möglichst schonend beizubringen. Hoffentlich schockte die Nachricht nicht zu sehr.

Eigentlich war geplant, dass wir uns vorher zusammensetzen und das Thema in Ruhe besprechen. Leider musste ich mein Frausein der Freundin am Telefon erklären, da es zeitlich nicht anders möglich war. Sie versprach ihren Mann, meinen ehemaligen besten Freund, langsam mit der Situation vertraut zu machen.

Wie sich eine Woche später herausstellte ist das alles doch etwas zu viel gewesen, so dass sie nicht mit zum Theaterbesuch kamen – wirklich schade, aber ich kann es auch nicht ändern. Er hat auch genug mit seinen Depressionen zu tun, so dass die Veränderungen, die mein Outing verursachen, sein Leben wohl zu sehr durcheinanderbringen. So gingen wir alleine in das Theater.

Dafür stand ein Treffen mit fünf anderen Freundinnen und Freunden auf dem Kalender. Wir hatten das Buch mir unseren Bildern eingepackt. Zuerst wurden die Neuigkeiten ausgetauscht, da wir uns länger nicht mehr gesehen hatten. Nach etwa zwei Stunden, als die Gespräche ruhiger wurden, legte ich das Buch ohne Kommentar auf den Tisch.

Die Neugier war geweckt und der Reihe nach blätterten alle das Buch durch und schauten fragend in den Raum. Natürlich erzählten wir nun auch unsere Neuigkeiten. Die Reaktionen waren ausnahmslos sehr positiv. Auch war etwas Unverständnis da, warum ich so große Hemmungen gehabt hatte und nicht schon viel früher mit dem Thema herausgekommen bin. Wir seien doch schließlich Freunde.

Meine Bedenken über die Reaktionen verstanden die meisten nur wenig. Aber die Verlustängste müssen erst einmal überwunden werden.

Selbstverständlich war das Outing Thema bei der Zusammenkunft des Gendertreffs Rheinland im Café Süd.

Auch unser Sommerurlaub ist zur Sprache gekommen und die Frage, ob ich über die Urlaubszeit, insgesamt 17 Tage, ohne Nathalie auskommen kann. Wenn ich so recht überlege, weiß ich nicht mehr, wann ich es so lange Zeit ohne Frausein ausgehalten habe.

Bei der Buchung im Januar hatte Silvia schon gesagt, dass ich noch Badeanzüge und Sommersachen brauchte. Ich machte mir zwar schon Gedanken, war aber überzeugt, nicht als Frau auf die Insel zu fliegen. Wie es aussieht, hatte meine Frau das Thema viel früher als ich verarbeitet. Zuhause sprachen wir darüber und kamen relativ schnell auf einen Nenner. Silvia war nie davon ausgegangen, dass ich als Mann in den Urlaub fahren würde.

Außerdem wollte sie lieber eine zufriedene Nathalie als einen unzufriedenen Norbert in den Ferien haben.

So ging die Planung los: Was wird noch benötigt und was ist zu tun? Selbstverständlich schrieb ich das Hotel, welches wir schon seit 1995 besuchen, an, um von meiner Veränderung zu berichten. Die Antwort kam sehr schnell. Sie dankten für das Vertrauen, das wir zum Hotel hätten, natürlich seien wir willkommen und sie wünschten mir für mein neues Leben alles Gute.

Ein paar Tage später sollte ich auf einer Belegschaftsversammlung Informationen über die anstehende Vertrauensleutewahl vortragen.

Ich hatte mit meiner Kollegin vereinbart, dass sie die Frühveranstaltung und ich die Abendveranstaltung übernehmen sollte.

So ging ich in Jeanshose, Bluse und Pumps zur Versammlung und sprach vor circa 100 Kollegen. Zum Ende der Veranstaltung kamen einige Kollegen zu mir. Die Reaktionen waren äußerst positiv.

Mittlerweile ist mein Frausein ein fester Bestandteil meines Alltags geworden. Eine Freundin aus der Selbsthilfegruppe fragte, ob mein Anspruch auf 100 % Sicherheit in meinen Entscheidungen unbedingt sein müsste. Würden mir 98,6 % Sicherheit nicht reichen? Ist nicht in allem was wir tun, ein gewisses Maß an Restrisiko?

Da ist auch die Frage, wie lange kann ich den Eltern noch verheimlichen kann, was ich tue. Irgendwann werden sie es wohl erfahren müssen.

Der Sommer kommt langsam und die Garderobe wird erweitert. Auch eine passende Sonnenbrille ist besorgt.

Immer wieder kommt der Gedanke, die Familie einzuweihen.

Zuletzt sind ein paar Schulfreundinnen für die Organisation des Klassentreffens zusammengekommen. Natürlich waren die Freundinnen, die mich noch nicht so kannten, zuerst überrascht und konnten nicht glauben, was sie sahen.

In den weiteren Gesprächen haben wir unsere Schulzeit analysiert. Im Nachhinein war mein Verhalten während der Schulzeit mit den neuen Informationen viel besser zu erklären.

Zu meiner Überraschung haben die Mitschülerinnen durch mein Outing den Mut gefasst, über ihre Probleme in ihren Familien zu berichten. Bemerkenswert, es brauchte nur jemand anzufangen und das Eis zu brechen. Vielleicht war es einfacher für sie, wenn sich schon jemand geoutet hat, das Vertrauen zu finden.

Im weiteren Verlauf des Abends wurden die Aufgaben für die Organisation verteilt und ein neuer Termin gesucht.

Auch wenn ich es eigentlich nicht wollte, ich werde kurz von einem Gespräch mit meiner Therapeutin berichten, da es mir sehr wichtig ist, über den Inhalt zu informieren.

In dem Gespräch an diesem Tag hatten wir eine interessante Sache herausgearbeitet. Meine Therapeutin stellte fest, dass ich unbewusst Fragen nicht stelle, deren Antwort mir eventuell nicht gefallen würden. Aus diesem Grund sollte ich bei Gelegenheit bei einem Gespräch mit meiner Frau auch einmal eine solche Frage stellen.

Wie nach den meisten Therapiestunden saßen wir gemeinsam abends auf der Couch und ich berichtete von der sehr aufschlussreichen Stunde.

Ganz von selbst sind dabei einige brisante Fragen von mir an meine Frau, aber auch von ihr an mich aufgekommen.

Ein solches Gespräch hatten wir noch nie geführt und es war interessant, die Antworten zu hören. Ich habe das Gefühl, dass wir uns durch das Gespräch noch besser als vorher verstehen.

Es ist wichtig zu schauen, wie es dem Anderen geht oder zu hören, was in dem Anderen vorgeht. So können wir feststellen, ob wir noch bewusst gemeinsam auf dem Weg sind und dass keiner auf der Strecke verloren geht.

Um solche Informationen gemeinsam zu erarbeiten, hatte ich mich auf die therapeutische Hilfe eingelassen.

Ich habe bis jetzt schon so viel über mich erfahren und bin froh diese Begleitung zu bekommen.

Für Ende Mai hatten wir, der Gendertreff Rheinland, eine Einladung von den Veranstaltern des CSD Düsseldorf, einen Informationsstand aufzubauen und unsere Selbsthilfegruppe vorzustellen. Natürlich waren dazu einige Vorbereitungen notwendig, die gemeinsam sehr gut organisiert wurden.

Bei herrlichem Sonnenschein hatten wir den Stand aufgestellt und während der Veranstaltung viele Informationen weitergegeben und interessante Gespräch geführt. Insgesamt ein voller Erfolg.

Im Vorfeld der Aktion hatte ich bei meinen Eltern angedeutet, dass es ein Internetforum gibt, bei dem ich mitarbeite und dass wir auf einem Informationsstand in Düsseldorf Flyer verteilen.

Ich hatte langsam das Interesse bei meinem Vater geweckt, so dass er gerne so einen Flyer sehen wollte. Wir waren einen Tag nach dem CSD mit den Eltern zum Essen verabredet. Im Gepäck hatten wir einen Flyer und unser Fotobuch.

Ich wollte nicht mit der Tür ins Haus fallen. So warteten wir bis nach dem Kuchen auf den richtigen Moment. Zuerst reichte ich unsere Broschüre herüber, wobei die Eltern nicht wirklich verstanden, worum es überhaupt geht. Es folgte das Fotobuch.

Silvia erkannten sie sofort und schauten das gesamte Buch mehrmals durch. Zwischendurch erzähle ich, dass ich die andere Frau auf den Bildern bin. Es wurde sehr still im Raum.

Meine Eltern versuchten ihre Gedanken zu ordnen. Nach einiger Zeit war der erste Schock überwunden und meine Mutter begann einige Fragen zu stellen, die wir so gut es ging beantworteten. Mein Vater war noch sehr in sich gekehrt.

Alles, was er immer wieder sagte, war: "Was haben wir nur verkehrt gemacht?" Im Laufe des Gespräches versicherten wir mehrmals, dass niemand etwas verkehrt gemacht habe oder irgendetwas dagegen tun konnte.

Meine Mutter wollte wissen, wie lange ich damit schon zu tun hätte. Zu ihrer Überraschung erzählte ich von meiner frühen Jugendzeit und den Versuchen mit ihrem Kleiderschrankinhalt.

Ihr wurde langsam bewusst, wie lange sie nichts bemerkt hatte. Wir verabschiedeten uns, ließen aber das Fotobuch dort, damit sie, wenn sie mochten, die Bilder anschauen konnten. Vielleicht könnten sie sich ein bisschen an den Anblick gewöhnen. Als wir gingen, konnte meine Mutter ihre Tränen kaum noch zurückhalten.

Es war ja auch ein ganz schöner Schock, aber nun war es heraus und wir werden schauen, wie es weitergeht.

Einige Tage später erklärte ich meiner Mutter, dass wir mit dem Outing bei der Schwiegermutter bis nach dem Urlaub warten werden, und bat sie das Thema ebenfalls bis dahin nicht anzusprechen.

Da wir allein waren, sprachen meine Mutter und ich über ihre Gedanken zu meiner Transsexualität.

Zu meiner Überraschung hat sie eingesehen, dass ich ihr Kind bleibe, egal was passiert, und dass sich für sie nicht viel ändern wird. Sie fragte mich sogar, wie wir auf meinen Namen gekommen sind.

Leider ist mein Vater noch nicht so weit, aber ich werde ihm, ähnlich wie bei meinem Bruder, Zeit lassen und ohne Druck auf ihn meinen Weg weitergehen.

Der Sommerurlaub rückte näher und wir packten unsere Sachen in die Koffer. Natürlich fragte ich mich, wie die Leute reagieren werden. Das bestellte Taxi kam und wir fuhren zum Flughafen.

Beim Einchecken ließ sich die Stewardess zweimal meinen Ausweis zeigen, um die Daten zu überprüfen. Alles war in Ordnung, der Sicherheitscheck verlief reibungslos und so warteten wir auf den Flieger in die Sonne.

Auf Mallorca angekommen, war unser erster Weg in das Parkhaus, wo wir das bestellte Fahrzeug übernehmen sollten. Die Mitarbeiterin des Autovermieters fragte nur, welchen Namen sie eintragen darf. Wenige Minuten später fuhren wir zu unserem Urlaubsort.

Die Begrüßung in unserem Hotel war, wie immer, sehr herzlich. Wenig später waren die Formalitäten erledigt und wir bezogen das Apartment.

Alle Angestellten des Hotels, auch diejenigen, die wir schon seit Jahren kannten, verhielten sich wie immer. Es machte für sie keinen Unterschied, ob ich als Mann oder als Frau dort war.

Auch die Urlauber und Bewohner der Insel haben keine Notiz von mir genommen. Es gab während der gesamten Zeit niemanden, der einen unangebrachten Kommentar abgab.

Auch Gespräche mit dem Hotelpersonal oder einigen Urlaubern gaben mir immer das Gefühl akzeptiert zu sein.

Die ersten Tage im Garten des Hotels und am Strand fühlte ich mich etwas unsicher, da ich tagsüber keine Perücke trug und somit mein männliches Ich viel besser erkennbar war. Natürlich schauten manche irritiert, aber sonst passierte nichts.

Ein paar Leute, meist Inselbewohner, fragten, was mich bewegt, als Frau zu leben, oder ließen sich den Zusatzausweis zeigen und den Umgang damit erklären.

Leider ging der Urlaub, wie üblich, viel zu schnell vorbei und wir mussten die Heimreise antreten. Bei der Verabschiedung sagte die Hotelmanagerin, dass etwas fehlen wird, wenn wir abgereist sind. Eine Animateurin musste ihre Tränen unter ihrer Sonnenbrille verbergen. Es waren sehr bewegende Momente.

Direkt nach dem Urlaub informierten wir meine Schwiegermutter über meine Transsexualität. Wie bei den Eltern versuchten wir es mit unseren Fotoalben. Auch ihr fiel es schwer das Ganze zu begreifen. Dazu kam ihre Angst, dass wir uns trennen könnten.

Natürlich sprachen wir lange über das Thema und versuchten auch ihr die Ängste zu nehmen.

Sie hatte schon einige Reportagen im Fernsehen angeschaut und wusste, dass ich nichts dafür kann und auch keine Möglichkeit habe dagegen anzukämpfen. Für sie war es wichtig, Gespräche mit anderen zu führen, und so ihre Ängste besser zu verarbeiten. Uns war es jetzt egal, mit wem sie über das Thema spricht, da alle für uns wichtigen Menschen informiert waren.

Das waren nun in relativ kurzer Zeit viele Schritte, die ich vorangekommen bin, und große Steine, die aus dem Weg sind. Ich war sehr erleichtert, da eine große Belastung für uns endlich abgebaut war.

Natürlich waren die Ereignisse und Erfahrungen der letzten Monate Gesprächsthema bei meiner Therapeutin. Nach dem Termin bei ihr und anschließenden Besorgungen kam ich etwas in Zeitnot, da ich noch zur Mittagschicht musste.

Somit ging ich das erste Mal als Frau zu meiner Arbeit. In der Umkleide waren alle Blicke auf mich gerichtet. Ich zog nur den Rock aus sowie die Arbeitshose und Arbeitsschuhe an. Das musste reichen.

Die Kollegen waren sehr irritiert. Sie waren zwar seit Januar informiert, aber jetzt sahen sie mich erstmals als Frau. Nun stellte sich für mich die Frage: "Warum sollte ich nicht auch die nächsten Tage als Frau zur Arbeit gehen?" Die Entscheidung war in diesem Moment gefallen.

Meine Eltern hatten mich auch schon in Jeanshose und Bluse gesehen. Mein Vater war nicht ganz zufrieden und meinte, ich hätte doch versprochen, nicht so angezogen zu ihnen zu kommen. Meine Mutter stand hinter meinem Vater und schüttelte kurz den Kopf. Für sie war es in Ordnung.

Wenige Tage später, es war sehr warm, war ich wieder kurz zu Besuch. Ich wollte bei solch hohen Temperaturen keine lange Jeanshose tragen und zog einen luftigen Sommerrock mit T-Shirt an. Diesmal kam keine Reaktion mehr.

Kurze Zeit später hatte ich ein Gespräch mit meiner Frau über die männliche Garderobe im Schrank. Ich wollte die alten Sachen entsorgen und den Rest in einem Koffer verpackt wegstellen, damit sie nicht stören. So machte ich mich an die Umsetzung dieser Idee und sortierte die Sachen aus. Währenddessen wurde der Berg immer höher.

Ein Teil nach dem anderen entfernte ich aus dem Schrank. Bei dieser Aktion hatte ich ein seltsames Gefühl, als wenn ich Gift in den Händen halte. Ich arbeitete immer schneller, um das Zeug loszuwerden. Nein, ich wollte die Sachen nicht mehr, nie wieder!

Am nächsten Tag auf der Arbeit bat mich mein neuer Betriebsleiter zu einem persönlichen Gespräch. Er wollte wissen, wie es mit mir weitergeht. Ich erzählte ihm, dass ich, sobald meine Ansprechpartnerin in der Personalabteilung aus dem Urlaub komme, meinen Alltagstest beginnen möchte.

Das bedeutet, zu jeder Minute mein Leben als Frau zu leben. Eigentlich war ich ja schon mittendrin, da ich seit einer Woche nur als Frau lebte, privat wie auch auf der Arbeit. Er schlug vor, dass wir den Test ab sofort beginnen. Er übernehme die Informationsgespräche auf den Schichten und helfe mir, sollte es Probleme geben. Überrascht von der Situation, stimmte ich zu.

Wir verständigten uns darauf, dass ich mich nicht mehr in der Waschkaue umziehe, sondern in Arbeitskleidung zur Arbeit erscheine. Ob sich ein oder mehrere Kollegen beschwert haben? Mir ist das auch egal, da ich durch diese Absprache keine Mehrbelastung habe.

In den Mitarbeitergesprächen machte unser Chef unmissverständlich klar, dass er einen absolut fairen Umgang mit mir erwartet und zwar ausnahmslos von jedem Mitarbeiter.

Wenige Tage später schrieb ich einen Brief an unseren Sportverein. Ich bat unseren Abteilungsleiter um ein neues Namensschild mit dem Namen Nathalie und erklärte kurz um was es geht. Zudem versicherte ich ihm, dass ich die Duschräume nicht mehr nutzen werde, um Konflikten aus dem Weg zu gehen.

Wenig später kam ich in meinem neuen Outfit auf die Tennisanlage. Das neue Schild war schon angefertigt und das alte verschwunden.

Meine nächste Anlaufstelle war meine Optikerin. Ich hatte meine männliche Brille dabei und wollte die Gläser in ein anderes, weibliches Gestell einsetzen lassen. Das männliche Gestell brauchte ich nicht mehr. Mein Entschluss war schon sehr konkret. Ich würde wohl nie wieder in mein männliches Ich zurückkehren.

Langsam versuchen wir meine Eltern und die Schwiegermutter in mein Leben einzubinden. Die Geburtstagsfeier meines Vaters oder eine Einladung zum Essen sowie die alltäglichen Dinge, die zu besorgen sind, bei allen Gelegenheiten war nur noch Nathalie dabei.   Die anfänglichen Bedenken verschwanden mit der Zeit, so dass sie sich keine Gedanken mehr machten, wenn wir einkauften, Bankgeschäfte erledigten oder einfach nur bummeln gingen. Haben sie jetzt Nathalie akzeptiert oder geben sie sich einfach geschlagen, da es eh keinen Sinn macht dagegen anzukämpfen?

Ende September fand das lange geplante Klassentreffen statt. Wir, das Organisationsteam, waren im Vorfeld der Veranstaltung fleißig gewesen. So haben wir zum Beispiel alte Fotos aus der Schulzeit gesammelt und diese während des Treffens auf einer Leinwand gezeigt. Auch ich war sehr gespannt. Wie würden die ehemaligen Mitschüler auf mich reagieren?

Bis auf eine Lehrerin haben alle die Neue sehr positiv aufgenommen. Etliche gute Gespräche kamen zustande und viele Informationen wurden ausgetauscht. Es war auch schön zu sehen, was aus den Mitschülern nach 30 Jahren geworden ist.

Unsicher war ich mir bei meiner alten Klassenlehrerin.

Sie war zuerst sehr interessiert und stellte Fragen nach besonderen Situationen, die sich zu der Zeit meiner ersten Erinnerungen an meine Weiblichkeit ereignet haben.

Im Lauf des Gespräches wurde mir klar, wo ihr Interesse hinführte und wie sie mir ‚helfen' wollte. Dazu kam noch eine Buchempfehlung von ihr. Jetzt war bei mir der Groschen gefallen. Sie wollte mir den Teufel austreiben, mich von der fremden Seele befreien, die sich bei mir angehängt hatte.

Da ich an solche Sachen nicht glaube, ist es auch keine Alternative für mich, mit der Transsexualität umzugehen. Für mich steht fest, dass ich meine Meinung zu dieser Frau gründlich überdenken muss.

Etwas später, Mitte Oktober, wurde ich wieder zu einem Gerichtstermin geladen. Mein erster Einsatz als Frau bei Gericht. Dazu kam, dass ein neuer Richter den Vorsitz unserer Kammer übernahm.

So stellte ich mich, in unauffälliger Bürokleidung, vor und wir begannen gleich mit der Arbeit. Kein Richter, keiner der Prozessbeteiligten und auch niemand vom Wachpersonal nahm Notiz von mir. Nach 8 Verhandlungen und anschließender geheimer Sitzung zur Urteilsfindung war der Tag geschafft.

Ich hatte mir eigentlich vorgenommen, dass bis zum Ende des Jahres keine Entscheidungen mehr getroffen werden. Sehr viel habe ich in diesem Jahr geschafft und das Ganze musste ich erst einmal verarbeiten.

Nun kam während eines Gespräches mit meiner Therapeutin das Thema meiner weiteren Entwicklung zur Sprache.

Fazit: Ich habe einen ersten Termin bei einem Endokrinologen vereinbart. Meine Therapeutin schreibt eine entsprechende Mitteilung, die so genannte Indikation. Des Weiteren habe ich meinen Lebenslauf, den transidenten Lebenslauf in Kurzform und das Anschreiben an das Gericht für die Namens- und Personenstandsänderung vorbereitet. Eigentlich war schon lange klar, dass es in diese Richtung geht. Erst jetzt bin ich mir zu 100 % sicher, dass mein Weg weitergeht.

Mitte Dezember hatte ich meine Unterlagen für das Gericht zur Namens- und Personenstandsänderung zusammen.
Es war gar nicht so einfach herauszubekommen, welches Amtsgericht für mich zuständig war. Zum Glück sind im Internet viele nützliche Informationen zu finden. Alle Papiere, dazu gehörten Kopien vom Personalausweis, dem Zusatzausweis der DGTI, der Meldebescheinigung des Einwohnermeldeamtes, ein Lebenslauf sowie der transidente Lebenslauf und natürlich der zugehörige Antrag auf Umstellung waren jetzt auf dem Weg zum Amtsgericht des zuständigen Oberlandesgerichtes.

Ein Indiz für die inzwischen erreichte Normalität war das Weihnachtsfest. Wie in jedem Jahr war die gesamte Familie bei meinen Eltern eingeladen, um friedlich miteinander das Fest zu feiern. In den letzten Jahren war es mein großer Wunsch, als Frau bei Familienfeiern dabei zu sein. Jetzt war es endlich so weit und zu meiner Überraschung hatte sich nichts gegenüber den vergangenen Jahren verändert, außer dass eine Frau mehr am Tisch saß.

Ein bisschen irritiert mich schon, dass alle, bis auf meine Schwägerin, mich noch als Mann ansprechen. Sie wollen oder können sich nicht daran gewöhnen. Ich kann nicht sagen, dass es mich nicht stört, aber was kann ich dagegen tun?

Anfang Januar bekam ich Post vom Gericht. Der nächste Termin am Arbeitsgericht, das dachte ich jedenfalls. Die Überraschung war groß, als ich zur Anhörung zum Amtsgericht geladen wurde. Und das nach gerade einmal drei Wochen. Zwei Wochen später befand ich mich auf dem Weg zum Gerichtstermin. Nervös war ich schon, gar keine Frage. Es war ja auch ein entscheidender Schritt zu meinem Ziel.

Zum Glück war meine Richterin sehr nett und wir unterhielten uns in einem Besprechungsraum. Das Gespräch dauerte eine Dreiviertelstunde und ich hatte ein sehr gutes Gefühl, als ich auf dem Heimweg war. Jetzt brauche ich nur die beiden Gutachten, um einen positiven Bescheid für meinen Antrag auf Namens- und Personenstandsänderung zu erhalten.

Eine Woche später, Ende Januar, war mein erster Termin bei einem Endokrinologen. Ich ging mit sehr großen Erwartungen und Optimismus zu dem Facharzt. Vielleicht ist meine Enttäuschung deshalb auch etwas größer. Dass meine Leber nicht sehr belastbar ist, wusste ich ja schon früher. Nach einem umfassenden Gespräch wurde mir klar gesagt, dass maximal eine Hormongabe in Gel-Form für mich möglich ist. Das Ganze wird aber erst legal, wenn meine Namens- und Personenstandsänderung erfolgreich abgeschlossen ist.

Ich hatte eigentlich erwartet, dass ich die Situation leichter verkraften würde. Früher war es nicht so schlimm, aber jetzt, wo die Verordnung zu diesem Zeitpunkt ausbleibt, merke ich, wie wichtig es mir doch ist.

Auch denke ich öfter über eine operative Lösung nach. Immer mehr und heftiger stört mich etwas. Ich möchte es noch nicht einmal mehr benennen. Natürlich haben wir, meine Frau und ich, schon ausgiebig über eine solche Operation gesprochen. Wir sind, auch in dieser Sache, mal wieder einer Meinung. Da ich niemals etwas mit einem Mann anfangen werde, denke ich an eine vereinfachte Lösung nach. Das bedeutet konkret, eine Entfernung des Störenfrieds und der Hoden. Die Konstruktion einer Neovagina, welche eine erhebliche Verletzung darstellt, ist zurzeit keine Alternative.

Die Auswertung der Blutproben, die der Endokrinologe veranlasst hat, ist bei mir eingetroffen. Auffallend ist, dass der Hormonwert für das männliche Testosteron unterhalb des unteren Grenzwertes liegt. Dazu steht der Östrogenwert nahe am oberen Grenzwert. Eigentlich überraschend, da ich noch keine entsprechenden Medikamente einnehme.

Dass die Wartezeit so schwierig werden würde, konnte ich vorher nicht ahnen. Ich war der Meinung, dass alles, egal was kommt, irgendwie geregelt und erledigt werden kann. Mit der Zeit wurde ich immer nervöser. Nichts tat sich und ich kam keinen Schritt weiter. Unerträglich.

In einem Gespräch mit meiner Therapeutin versuchten wir die innere Unruhe zu deuten und Lösungen zu suchen. Als Erstes haben wir den Besuch beim Endokrinologen aufgearbeitet. Das Ergebnis für diese Situation ist, dass ich mir einen anderen Arzt suche, da ich ja noch sehr lange mit diesem zusammenarbeiten werde, auch wenn ich wieder eine lange Wartezeit hinnehmen muss.

Die Unruhe hatte aber noch eine Ursache. Seit dem Gerichtstermin im Januar hatte ich keine Informationen über den Vorgang bekommen. Ich hatte keinen Ansprechpartner, den ich hätte fragen können, woran es liegt oder was ich tun kann.

Mitte März, nachdem das Gericht mir den Beschluss zusandte, in dem die Gutachter offiziell benannt wurden, schrieb ich meine Kontaktdaten, wie Telefonnummer und Mailadresse, in einen Brief und schickte diesen direkt an die Gutachter, um die Kontaktaufnahme zu vereinfachen.

Der erste Gutachter meldete sich und bat mich um ein wenig Geduld, da sehr viel Arbeit anstehe. Wenigstens eine Nachricht.

Dann kam ein Festtag für meine Nerven. Beide Gutachter haben Kontakt aufgenommen und wir vereinbarten sofort einen Termin. Die Wartezeit hatte ein Ende. Es ging weiter.

Die Frage war: „Warum werde ich eigentlich so nervös"? Zwei Tage vor meinem ersten Gutachtertermin war ich sensibel wie noch nie zuvor, kann kaum schlafen und habe meine innere Ruhe verloren.

Ich wusste nicht, was auf mich bei diesem für mich äußerst wichtigen Termin zukommt. Bestellt wurde ich am späten Nachmittag in eine ärztliche Praxis in Düsseldorf. Gerade um diese Zeit mit dem Auto zu fahren, einen Parkplatz zu suchen und bei dem Termin pünktlich anzukommen, war schwer zu schaffen. Die Entscheidung fiel ziemlich einfach. Ich fuhr, mit den Unterlagen bewaffnet, mit der Bahn. So konnte ich mich noch etwas entspannen.

Die Praxis war gut zu finden und der Arzt begrüßte mich sehr freundlich. Er stellte sich vor und wir begannen sofort mit der Arbeit. Mir kommt es vor, als hätte ich hundert Fragen beantwortet. Zum Schluss kam noch eine kurze körperliche Untersuchung dazu. Bei der Verabschiedung verriet er mir seinen persönlichen Eindruck, den er sich während des Gesprächs gemacht hatte.

Auf dem Heimweg fiel die ganze Anspannung der letzten Tage und das gerade Erlebte von mir ab. Obwohl ich einen sehr positiven Eindruck bei dem Gutachter hinterlassen hatte, rollten die Tränen nur so herunter. Während der Heimfahrt beruhigte ich mich wieder und war sehr froh die erste Hürde der Gutachten hinter mir zu haben.

Vierzehn Tage später folgte der zweite Gutachter. Da ich diesmal wusste, was mich erwartet, hielt sich die Aufregung in Grenzen. Jetzt musste ich nach Essen zu einem Arzt, der etwa mein Alter hatte. Er hatte einen anderen Schwerpunkt für seine Fragen gewählt. Bei der Verabschiedung teilte er mir sein Ergebnis mit. Natürlich musste das Ganze noch schriftlich zum Gericht geschickt werden, aber ich hatte auch den zweiten Gutachter überzeugt.

Der Sommerurlaub lag jetzt vor uns. Wir packten unsere Koffer und es ging mit dem Flieger auf die Balearen. Wie gewohnt wurden meine Papiere mehrmals geprüft. Irgendwie hatte ich das Gefühl, dass Transidente beim Einchecken am Flughafen noch nicht so üblich sind. Im Urlaubsort angekommen, wurden wir in unserem Lieblingshotel herzlich begrüßt und verbrachten die nächsten Wochen sehr harmonisch. Leider geht der Urlaub immer so schnell vorbei.

Zu meiner Überraschung lagen bei unserer Rückkehr beide Gutachtenkopien vom Gericht zugesandt in der Post. So schnell hatte ich es gar nicht erwartet. Beide Gutachten waren zum gleichen, für mich positiven Ergebnis gekommen. Nun fehlte mir nur noch der gerichtliche Beschluss, der meine Namens- und Personenstandsänderung bestätigt.

Wenig später stand der erste Besuch bei meinem neuen Endokrinologen an. Selbstverständlich hatte ich meine medizinischen Unterlagen zusammengestellt. Eine Überweisung konnte ich aus Zeitmangel nicht besorgen, aber die würde ich unverzüglich nachreichen.

So stand ich pünktlich in der Praxis und mir wurde nur noch heiß und kalt. Ich ärgerte mich so sehr über mich selbst. Fünf Monate warte ich auf einen Termin und dann das. Die Krankenversicherungskarte lag noch bei den Reiseunterlagen zu Hause. Ich hatte vergessen, sie in meine Unterlagen zurückzulegen. Natürlich versuchte ich noch die Situation zu retten, aber es nutzte nichts. Es gab an diesem Tag keine Chance für mich. Die Enttäuschung war riesengroß, ich dachte an die langen Wartezeiten und spürte die Tränen in meinen Augen.

Zu meinem Glück hatte ein Patient vier Tage später seinen Termin abgesagt und ich konnte diesen übernehmen.

Im Gegensatz zum ersten Endokrinologen hatte ich ein sehr ausführliches Beratungsgespräch. Alle Fragen wurden professionell und in aller Ruhe beantwortet. Zum Schluss bekam ich ein Rezept in die Hand. Meine Hormontherapie konnte beginnen.

Wenige Tage später lag ein Brief im Briefkasten. Da ich auf der Arbeit war, legte meine Frau ihn so auf den Tisch, dass ich ihn gleich sehen konnte. Die Freude war grenzenlos, denn ich hatte den Beschluss für meine Namens- und Personenstandsänderung in der Hand.

Den positiven Beschluss endlich in meinen Händen zu halten, war ein Fest für meine Nerven. Jetzt konnte fast nichts mehr danebengehen, dachte ich zumindest zu diesem Zeitpunkt. Natürlich wollte ich meine Papiere so schnell wie es geht beantragen.

Mein erster Weg ging zu unserem Bürgerbüro, welches für Ausweispapiere zuständig ist. Die erste Euphorie schwand, als mir die Mitarbeiterin erklärte, dass, bevor ein neuer Personalausweis beantragt werden kann, eine neue Geburtsurkunde vorhanden sein muss.

So stand ich wenig später zwei Etagen höher vor dem Standesamt, klopfte höflich und bekam den nächsten Dämpfer. Freundlich gab die Standesbeamtin mir eine Rufnummer, damit ich mit dem für mich zuständigen Standesamt des Geburtsortes Kontakt aufnehmen konnte.

Irgendwie hatte ich etwas anderes erwartet. So erkundigte ich mich im richtigen Standesamt und hatte zufällig auch die richtige Ansprechpartnerin am Telefon. Das nutzte mir leider gar nichts. Das Gericht musste den Beschluss erst zum Amt schicken und bestätigen. Sie versprach mir, dass ich sofort eine Nachricht von ihr bekäme, nachdem die Papiere eingetroffen seien.

So verging die Zeit, ohne dass es voran ging. Die innere Unruhe trieb mich, so dass ich einmal in der Woche beim Standesamt anrief und mich nach dem aktuellen Stand der Angelegenheit erkundigte. Selbstverständlich trugen die Anrufe nicht gerade zu einer positiven Stimmung meiner Ansprechpartnerin bei. Anders gesagt, sie war mit der Zeit schon sehr genervt.

Nach vier Wochen Wartezeit ist meine Geduld zu Ende. Bei Gericht versuchte ich den Grund der Verzögerung herauszufinden.

Die zuständige Rechtspflegerin erklärte, dass die Rechtsgültigkeit des Beschlusses abgewartet wird. „Es kann ja noch Einspruch eingelegt werden." Das verstand ich nicht, da ich beim Gerichtstermin, bei positivem Beschluss, Rechtsmittelverzicht erklärt hatte. Mit dieser Information kam aus dem Telefon nur noch ein: „Oh, ich mache die Unterlagen sofort fertig!"

Eine Woche später war es dann so weit. Ein weiterer Brief vom Amtsgericht traf ein und bestätigte den rechtsgültigen Beschluss meines Antrages.

Voller Tatendrang rief ich erneut an und musste immer noch warten, bis die Meldung auch auf dem Standesamt eingetroffen war. Ein paar Tage später, ich hatte schon echte Gewissensbisse, versuchte ich mein Glück. Zur Begrüßung hörte ich nur: „Schon wieder Sie!" Aber sofort im Anschluss die Erlösung. „Ich habe Sie gerade auf dem Tisch liegen." Spontan kam meine Antwort: „Das kann gar nicht sein.

Ich sitze ganz entspannt auf meiner Couch." Wir mussten beide lachen.

Sie versprach mir die notwendigen Unterlagen sowie meine neue Geburtsurkunde zum Nachmittag bereitzulegen, so dass ich am selben Tag noch meinen neuen Personalausweis, Führerschein und die neue Sozialversicherungsnummer beantragen konnte.

Das Thema konnte ich, nach langer Zeit, erfolgreich abschließen.

Zufällig hatte uns in diesem Sommer eine Logopädin bei einem unserer regelmäßigen Treffen der Selbsthilfegruppe besucht. Sie plante eine Studie durchzuführen, durch die die Stimmlage sowie die Artikulation von transidenten Frauen verbessert werden bzw. ein vermehrt weiblicher Ausdruck hervorgerufen werden soll. So entschied ich, an dieser Studie teilzunehmen, sofern es meine Freizeit zuließ.

Damit verbunden waren zuerst einmal ein paar Untersuchungen, um den Kehlkopf nicht zu beschädigen. Zu den Übungsstunden bei der Logopädin zweimal die Woche kamen die Übungen zu Hause.

Aus meiner Kindheit wusste ich, da ein Sprachfehler ebenfalls logopädische Hilfe erfordert hatte, dass Übung ein sehr wichtiger Teil der Studie sein würde und Erfolge sich langsam einstellen.

Gerade im Bereich der Artikulation und Stimmresonanz sind Erfolge festzustellen.

Leider wird die Stimmlage immer etwas tiefer sein, obwohl meine Hauptstimmlage etwa zwei Töne angehoben werden konnte.

Insgesamt bin ich mit der Studie zufrieden. Weiteres werden mein Trainingsfleiß und die regelmäßigen Übungen ausmachen.

Zwischendurch habe ich mit einem Kollegen einen Selbstverteidigungskurs für unsere Selbsthilfegruppe geplant und organisiert. Wir waren 10 Personen und hatten eine Menge Spaß beim Training.

Natürlich konnten wir viel lernen, hofften aber das Gelernte niemals anwenden zu müssen.

Zusätzlich habe ich mein Stimmtraining wieder aufgenommen, da ich ständig etwas heiser und die veränderte Stimmlage unerwartet anstrengend geworden war. Außerhalb der Studie konnten wir viel besser auf die Probleme eingehen und an langfristigen Lösungen arbeiten.

Zwischenzeitlich kamen immer mal wieder Gespräche und eigene Gedanken auf. Das Thema: die angleichende Operation. Welche Methode, wie gehe ich alles an und was sagen die Anderen?

All das rückte immer mehr in den Mittelpunkt und es würde Zeit diese Probleme aufzuarbeiten. Es ist nicht allein meine Entscheidung, also müssen Gespräche geführt werden, nur wie und wann? Mir selbst war schon lange bewusst, dass es ohne Operation wohl nicht mehr lange weitergeht.

Man sitzt zwischen den Stühlen und überlegt hin und her.

Dabei war mir das Risiko eines so schwierigen Eingriffs immer zu hoch. Könnte ich auch mit den Konsequenzen leben, wenn es nicht wie geplant läuft? Anderseits störten mich die Teile zunehmend. Ich wollte sie einfach loswerden.

Ein Vorteil einer Selbsthilfegruppe ist, dass es sehr viele unterschiedliche Mitglieder gibt, die ihre Erfahrungen weitergeben. So ist eine wichtige Information über Operationsmethoden auch bei mir angekommen.

Eine Methode versprach ein wesentlich geringeres Operationsrisiko und einen schnelleren Heilungsverlauf. Dieser Bericht war Gold wert und beeinflusste meine Überlegungen zur Operation, denn die Variante mit dem größeren Risiko hätte ich niemals durchführen lassen.

Wir hatten einen wunderbaren Frühlingstag für einen langen Spaziergang ausgesucht. Am Vortag hatte ich Silvia schon einmal vorab gefragt, ob wir über das Thema Operation sprechen können. So sprachen wir ausführlich die möglichen Risiken und unserer beider Gedanken durch. Auch versuchte ich etwas später mit einer Freundin, deren Partnerin sich kürzlich operieren ließ, zu sprechen. Es ließ mir keine Ruhe.

Ich musste wissen, ob die Entscheidung, die Operation zu wagen, auch für die Partnerin in Ordnung war, um Fehler zu verhindern.

Wie zu erwarten, haben Silvia und ich sehr schnell eine Lösung gefunden, die für uns beide tragbar ist.

Da wir uns einig sind, habe ich kurz danach mit den Vorbereitungen begonnen. Aus den Erfahrungen meiner Bekannten wusste ich, dass für den Antrag zur Kostenübernahme der Krankenkasse diverse Bescheinigungen verschiedener Fachärzte verlangt werden. Meine erste Anlaufstelle war der Neurologe. Ich kam zur Rezeption und der Mitarbeiter telefonierte mit einem anderen Patienten. Ich hörte nur "Ich kann Ihnen einen Termin übermorgen um 11:45 Uhr anbieten, da gerade jemand abgesagt hat." Das ist so ärgerlich, wäre ich doch nur zwei Minuten früher eingetroffen. Pech, aber so ist es halt. Er legte auf und fragte nach meinem Anliegen.

Etwas traurig sagte ich "Den Termin hätte ich auch genommen." Ich wusste ja, dass lange Wartezeiten bei einigen Fachärzten üblich sind. Er fragte nach, warum ich denn einen Termin wünsche und so erzählte ich von der Bescheinigung. Zu meiner Überraschung durfte ich mich sofort in das Wartezimmer setzen. Ein paar Minuten später wurde ich aufgerufen, kurz untersucht und verließ nach etwa einer Stunde die Praxis wieder. Selbstverständlich mit der entsprechenden Bescheinigung in der Hand.

Auch beim Urologen sowie beim Gynäkologen waren die Termine schnell gebucht. Natürlich fragte ich vorher Silvia, ob ihr es unangenehm sei, wenn wir zu demselben Gynäkologen gehen würden. Sie hatte nichts dagegen; so kam es zu einer kuriosen Situation.

Bei der Anmeldung wollte die Mitarbeiterin, die die Anmeldung betreute, wissen, ob ich schon einmal dort gewesen sei. Natürlich war dies mein erster Besuch in der Praxis und ich nannte ihr meinen Nachnamen. Sie schaute auf den Bildschirm ihres Computers und sagte "Aber Sie sind doch schon hier registriert." Ich antwortete ihr wahrheitsgemäß, dass das nicht stimmt, denn gespeichert sei meine Frau. Die Mitarbeiterin konnte ihre Verwunderung nicht wirklich verbergen, so dass ihre Kollegin und ich uns ein kleines Lächeln nicht verkneifen konnten.

Die Zeit war wie im Flug vergangen, so dass wir wieder kurz vor unserem Sommerurlaub standen. Wie gewohnt hatten wir unser Lieblingshotel gebucht und die Koffer standen bereit. Alles sollte wie in den letzten Jahren ablaufen. Etwas war dennoch komisch. Es fing schon am Flughafen an.

Diesmal gab es keine Mitarbeiter, die fragend ihren Vorgesetzten suchten oder die „Geschlechtsumwandlung" nicht einordnen konnten. Nein, diesmal passten Buchung und der Personalausweis perfekt zusammen. Ich empfand es als einen Meilenstein auf meinem Weg.

Endlich war ich, auch am Flughafen, kein Unikum mehr, sondern einfach Frau Nathalie N. Natürlich war es wieder ein traumhafter Urlaub. Ein paar unvorhergesehene Ereignisse gab es schon. Die konnten uns aber nicht den Urlaub verderben. Gut erholt konnte ich, wieder gut zu Hause angekommen, die nächsten Termine wahrnehmen.

So standen die Untersuchungen bei den Fachärzten der Urologie und Gynäkologie an. Da ich erstmals beim Frauenarzt war, stellte er mir zuerst die üblichen Fragen. Haben Sie Allergien? Welche Medikamente nehmen Sie ein? Hatten sie schon irgendwelche Operationen? Hatten sie schon Fehlgeburten? ... Was? Fehlgeburten? Ich unterbrach ihn sofort und erklärte den Grund meines Besuches. Wir nahmen es beide mit Humor. Letztendlich haben beide Ärzte die entsprechenden Befunde erstellt.

Auf dem CSD in Düsseldorf hatte ich die Gelegenheit mit einer Bekannten aus einer anderen Selbsthilfegruppe zu sprechen. Sie erzählte mir von ihren Erfahrungen und wie sie an den Vorgesprächstermin gekommen ist. Auch verriet sie mir die Gesprächspartnerin in meiner Wunschklinik. Dies war am Sonntag und ich konnte mich einen Tag später nur mit größter Disziplin zurückhalten, nicht in der Klinik anzurufen.

Nein, ich musste mein Vorgehen mit meiner Therapeutin besprechen. Der Termin bei ihr war schon lange in derselben Woche geplant und, noch wichtiger: Wir haben verabredet, dass solche Entscheidungen bei unseren Zusammentreffen ausführlich behandelt werden.

Nachdem ich meine gesamten Unterlagen zusammengestellt, geordnet und verpackt hatte, gab ich meinen Antrag auf Kostenübernahme direkt bei der Sachbearbeiterin der Krankenkasse ab. Zum Glück war meine Therapeutin so nett gewesen, mich eingehend zu beraten.

So stand zum Beispiel der zuständige Arzt des Medizinischen Dienstes der Krankenkassen auf dem Umschlag, indem sich die Unterlagen befanden. Ich hoffte, dass so unnötige Wartezeiten im Verwaltungsvorgang ausbleiben würden.

Am selben Tag rief ich bei meiner bevorzugten Klinik an und bat - mit Erfolg - um einen Termin für das Vorgespräch.

Zufällig hatte sich wenig später eine Tante, die ich seit unserer Hochzeit nicht mehr gesehen hatte, zu Besuch bei meinen Eltern angekündigt. Wir sollten auch zum Kaffee dazukommen. Natürlich sind wir pünktlich erschienen, betraten das Esszimmer und meine Mutter stellte mich erstmals als ihre Tochter vor. Mein Vater konnte in dem Moment nichts sagen und schaute geschockt meine Mutter an.

Die Tante schaute mich an und fragte, warum wir uns noch nicht kennengelernt hätten. Ich erklärte natürlich sofort, dass wir uns bei unserer Hochzeit zuletzt gesehen hätten, nur sei ich damals noch der Bräutigam gewesen.

Nach ein paar Stunden hatte ich auch Zeit, ihr meinen Weg kurz persönlich zu erklären. Sie kam ausgesprochen gut damit zurecht. Das Thema Transidentität war ihr als Erzieherin nicht unbekannt. So ging ein schöner Tag zu Ende und ich fragte mich, ob meine Mutter meinen Weg doch so langsam akzeptierte.

Keine drei Wochen später lag ein Brief der Krankenkasse auf dem Esstisch.

Ich kam von meiner Arbeitsstelle und wir waren neugierig, welche Informationen darin standen. Es war leider noch nicht die Zusage, sondern die Anfrage, ob weitere Unterlagen vorhanden sind. Natürlich stellte ich sämtliche Untersuchungsergebnisse zur Verfügung.

Beim nächsten Brief war die Freude dann riesig. Ich konnte meine Aufregung kaum verbergen und, wie schon öfter, rollten die Tränen herunter. Der Brief begann mit den Worten:

„Sehr geehrte Frau N., wir freuen uns Ihnen mitteilen zu können, dass die Kostenerstattung ..." usw. Keine zwei Monate waren vergangen und nun hielt ich die Kostenzusage der Krankenkasse in meinen Händen.

Für drei Wochen später war das Vorgespräch in der Klinik vereinbart. Diesmal prüfte ich alles doppelt und dreifach. Die schlechte Erfahrung mit der fehlenden Versicherungskarte vor einem Jahr hatte mir schon gereicht.

Nervös war ich, gar keine Frage. Mein Termin war erst gegen 10:30 Uhr in der Universitätsklinik Essen. Ich kannte das Klinikum von den Besuchen bei einer guten Freundin.

Sie hatte sich ein Jahr zuvor ebenfalls dort zuvor der angleichenden Operation unterzogen. Sehr zeitig kam ich auf der Station an. Alle waren sehr freundlich und arbeiteten ohne Hektik die Formalitäten ab. Zwischendurch reichte mir eine Mitarbeiterin einen Tablet-PC, an dem ich einige persönliche Fragen beantworten sollte. So verging die Wartezeit bis ich an der Reihe war.

Ganz in Ruhe haben wir die bevorstehende Operation durchgesprochen. Der Arzt machte sich einige Notizen und zeichnete mir die Einzelheiten des Eingriffs auf, erklärte, wo die Schwierigkeiten sind und auftretende Probleme sofort behoben werden können. Ich fühlte mich sehr gut aufgehoben.

Auch prüfte er meine Unterlagen auf Vollständigkeit. Zum Schluss stellte er fest, dass alle Voraussetzungen gegeben seien und es eigentlich losgehen könne. Dazu telefonierte er kurz mit seiner Sekretärin und schickte mich mitsamt den Unterlagen zu ihr. Der erste von zwei Terminen war schnell gefunden und ein paar Tage später auch schriftlich bestätigt. Keine drei Monate später sollte mein großer Tag sein.

Es war schon erstaunlich schnell gegangen. Ich hatte, als ich mich für diesen Schritt entschieden habe, mit viel längeren Wartezeiten gerechnet. Natürlich war ich sehr froh, aber es gibt noch so viel zu erledigen.

Nicht zuletzt müssen auch die Eltern und die Schwiegermutter über meinem Krankenhausaufenthalt informiert werden. Wir waren uns einig, es nicht zu früh zu verraten. Zum einen sollten sie sich nicht unnötig lange vorher Sorgen um mich machen und zudem sollen die Daten nicht verwechselt werden.

Zwischenzeitlich, als sich die Gelegenheit ergab, hatten wir unseren Freundeskreis sowie meinen Bruder und meine Schwägerin informiert. Wie schon vermutet gab es keine Probleme, da alle zu uns stehen und uns jede Unterstützung geben.

Fünf Wochen vor dem Termin sprach ich mit meinen Eltern. Ich hatte schon mit Reaktionen ähnlich wie bei meinem Outing im Jahr 2012 gerechnet. Wir saßen am Küchentisch und besprachen was es denn Neues gibt. Natürlich erzählte ich von meinem Vorhaben und dem Krankenhaustermin. Es war schon fast unheimlich. Zwei, drei Fragen und alles in einer nicht erwarteten Ruhe. Keine Tränen, keine Vorhaltungen, keine großen Gefühlsregungen. War das die Ruhe vor dem Sturm oder tolerierten sie auf einmal meinen Weg? Schön wäre es ja, obwohl, so ganz konnte ich es nicht glauben, da beide mich noch immer mit meinem männlichen Vornamen ansprachen. Auch bei späteren Besuchen gab es keine weiteren Reaktionen auf unser Gespräch.

Ich war sehr froh, dass Silvia das Gespräch mit ihrer Mutter übernahm. Wie sich herausstellte, hatte meine Schwiegermutter es schon geahnt und sich über Fernsehen und Bücher über die unterschiedlichen Wege von transidenten Menschen informiert. Natürlich müssen wir immer mal wieder ihre Ängste, dass wir uns trennen werden, aus der Welt schaffen, denn solche Ideen haben wir wirklich nicht.

Ich bin glücklich, dass sie sich auf jeden Fall sehr große Mühe gibt, mich und meinen Weg zu verstehen.

Natürlich hatte ich noch einige Aufgaben, die vor der Operation zu erledigen waren. Ganz wichtig war, dass die Hormone mindestens 14 Tage vor der OP abgesetzt werden. Selbstverständlich sprach ich die Prozedur mit meinem Endokrinologen ab, da ich keine entsprechenden Berichte gelesen hatte, wie ich es machen sollte. Aus eigener Erfahrung wusste ich aber, dass bei Kortison das Absetzen langsam, also schleichend erfolgen musste.

Die Kartusche mit dem Hormongel war 17 Tage vor dem Eingriff verbraucht. Eine neue lohnte sich nicht mehr anzufangen, also weg damit. Zuerst war nicht viel zu merken, außer dass ich mit der Zeit immer nervöser wurde, was aber wohl vor allem auf das bevorstehende Ereignis zurückzuführen war. Was mir erst später bewusst wurde, war, dass ich ständig zwischen dem Gefühl extremer Gleichgültigkeit, Verlustängsten, Einsamkeit, Vorfreude und Spaß an den alltäglichen Dingen des Lebens hin- und hersprang.

Manchmal war ich sogar, ohne es zu merken, in leichte Depressionen abgerutscht. Das Schlimme daran war, dass es nie einem Grund oder ein Ereignis gab, warum gerade jetzt diese oder jene Reaktion oder Aktion kam.

Was Gefühle bewirken, ist die eine, wie der Körper auf den plötzlichen Hormonmangel reagiert eine andere Sache. Es fühlte sich an wie der Kampf zwischen Viren und Bakterien - und dafür wurde jetzt mein Körper benutzt.

Ich muss etwas ausholen, damit dieser Umstand besser zu verstehen ist. Durch die monatelange Hormoneinnahme haben sich einige Dinge sehr verändert. Gewollt waren der Brustaufbau, die weicher werdenden Gesichtszüge und die merkbar zurückgehende Körperbehaarung. Dass die Kopfbehaarung ebenfalls fester und dichter wird, ist nicht immer der Fall, aber für mich ein tolles Ergebnis. Nebenbei haben sich verschiedene Muskelgruppen deutlich reduziert und auch die Genitalien wurden kleiner. Ich brauche sie eh nicht mehr und in Kürze würde sie sowieso entfernt werden.

Nachdem die Zufuhr der weiblichen Hormone unterbrochen wurde erfuhren durch das Wiederkehren der männlichen Hormone gerade die Genitalien eine ungewollte Renaissance, die durchaus problematisch war. Es stellten sich sogar die alt bekannten Dinge wie zum Beispiel die berühmte ‚Morgenlatte' ein, die einen baldigen Toilettengang ankündigte. Die Hautschichten waren an der Stelle aber nicht mehr trainiert, diese Ausmaße mitzumachen. Die Folge waren kleine Einrisse und wunde Stellen, die möglichst schnell mit entsprechenden Salben behandelt wurden. Gerechnet hatte ich damit nicht und so detailliert auch nicht von diesen Nebenwirkungen gehört.

Des Weiteren musste ich für die Operation, bzw. für die Vitalfunktionsprüfungen während des Eingriffs, meine Gelnägel entfernen lassen. An sich hatte ich überhaupt kein Problem damit.

Ich hatte meine Kosmetikerin schon vor ein paar Wochen auf das Thema angesprochen und wir versuchten den Rückbau so schonend wie möglich für meine natürlichen Nägel zu machen. Der letzte Schritt ist eine Woche vor der OP gemacht worden. Ich war zufrieden, denn alle Fingernägel waren stabil und gelfrei, so dachte ich wenigstens.

Kann man es Glück oder Pech nennen, dass auf einer Informationsveranstaltung ein Teil des Daumennagels verloren ging? Der erste Gedanke war Panik. Warum ist nicht das gesamte Gel entfernt? Sofort erfolgte ein Anruf bei der Kosmetikerin, die mir zwei Tage später noch einen Termin gab.

Zwar stand ich pünktlich vor der Tür, war aber mit den Nerven so weit herunter, dass die paar Minuten Wartezeit zur Qual wurden. Als sie kam, verstand sie sofort meine Aufregung und begann alle Nägel zu überprüfen. Meine größte Sorge war, dass durch solche Kleinigkeiten meine Operation abgesagt werden könnte. Mit der Zeit fiel die Anspannung ab und Sabrina musste mich kurz beruhigen. Ich hatte meine Nerven nicht mehr im Griff, obwohl jetzt alles vorbereitet und geregelt war. Jetzt konnte es endlich losgehen.

Auch wenn die letzte Nacht sehr unruhig war, ist die ganz große Nervosität doch unerwartet ausgeblieben. Etwas Götterspeise und Tee mussten zum Frühstück reichen, denn seit dem Vortag waren feste Speisen nicht mehr erlaubt.

Wenig später brachte mich Silvia zum Klinikum nach Essen, wo schon der Betrieb im vollen Gange war. Klar, es war Montagmorgen und wenig später war ich in die allgemeine Hektik eingebunden.

Anmeldung, Station, Aufnahmegespräch bei der Stationsärztin. Es war keine Zeit, sich irgendwelche Gedanken zu machen. Zwischenzeitlich war ich auch unterwegs in das Herzzentrum, wo ein EKG auf mich wartete. Schnell war es Mittagzeit und es kehrte Ruhe ein. Es waren jetzt nur noch gegen Abend die Gespräche mit den Fachärzten geplant. So war genügend Zeit ein paar Gespräche mit einigen Patienten zu führen und dringende Besorgungen zu machen.

Zwischenzeitlich hatte ich auch eine sehr nette, etwas ältere Dame als Zimmernachbarin bekommen. Ein bisschen Fernsehen, noch eine letzte Dusche und ein paar Zeilen in meinem Buch lesen. So ging der erste Krankenhaustag entspannt zu Ende.

Es sollte der große Tag für mich werden. Da ich nicht als Erste auf dem Operationsplan stand, war auch der Morgen recht angenehm. Geweckt wurden wir nicht. So gegen 9:30 Uhr kam Bewegung in den Tag. Ich zog die Thrombosestrümpfe und das bereitliegende ‚Engelhemdchen' an und stand zur Abholung bereit. Wenig später schob mich eine Pflegerin durch die Gänge bis wir den Bereich der OP-Schleuse erreichten. Dort übernahmen mich zwei Pfleger und leiteten die Vorbereitungen ein. Auch meine Vorsorge, die Asthma-Spraydosen und das Informationsblatt meiner Allergien waren an Ort und Stelle.

Wenig später kam auch der Narkosearzt, den ich schon am Vortag kennengelernt hatte, und setzte mir die Rückenmarknarkose, so dass ich nichts davon merkte.

Den Trubel danach kann ich nicht mehr beschreiben, da meine Erinnerungen vollständig weg sind.

In einem späteren Gespräch erzählte mir der Narkosearzt, dass ich wohl noch reichlich zur allgemeinen Stimmung im Operationssaal beigetragen habe. Dass ich nichts mehr davon weiß, lag wohl an dem Dormicum, welches mir vor der Abfahrt zum OP gegeben wurde.

Es war sehr laut. Eine Pflegerin wollte, dass ich die Augen öffnen sollte. Ich mühte mich, aber sie wollten noch nicht aufbleiben. Was ich so nebenbei mitbekam war meine Pulsanzeige und dass jemand mir eine Atemmaske vom Gesicht nahm. Was ist denn wieder schiefgelaufen? So langsam konzentrierte ich mich und versuchte meine Gedanken zu ordnen. Alles war vorbei. Ich hatte den ersten Eingriff hinter mir und es ging auch schon ganz gut, so dass mein Bett angefordert wurde und ich umsteigen sollte. Ab diesem Zeitpunkt ging es los. Meine Beine waren nicht da. Meine Füße lagen in meinem Bett, gehorchen wollten sie mir aber nicht. Schnell wurde eine Schaufeltrage besorgt und mit geübten Handgriffen transportierte man mich in mein Bett. Irgendwie ging es etwas schnell für mich. Der Kopf ging von rechts nach links, so dass mir auf der Stelle schlecht und die erste Nierenschale gereicht wurde.

Ganz bei mir war ich noch nicht und die Folgen konnte ich auch wenig später sehen. Das Bett lag voll und die Nierenschale lag unbenutzt neben mir. Ich war mir keiner Schuld bewusst, obwohl wir uns alle anschauten, was denn gerade passiert war. Auf der Station angekommen hatten mich die flinken Hände, die immer zur Stelle waren, schon wieder fertig gemacht. Eine Supertruppe, in der alle ihren Job beherrschen.

Irgendwie war ich nicht Fisch noch Fleisch. Mitbekommen habe ich sehr wenig. Silvia war zwischenzeitlich dagewesen, wie mir meine Zimmernachbarin erzählte. Mir fiel in diesem Moment ein, dass ich so vielen Freunden versprochen hatte mich zu melden, sobald ich wieder in meinem Zimmer sei. Der Wille war da, nur irgendwie machten die Finger nicht mit und der Kopf dachte an ganz andere Dinge. Mir war warm, Angst und Schmerzen hatte ich keine und ich fühlte mich richtig wohl in meinem Bett. Ein Elefant stand genau vor mir und berührte mich mit seinem Rüssel. Er strahlte eine solche Ruhe aus. Nur die Schreie und Rufe meines Namens störten. „Die Augen auf, sofort", war der Befehl, der in meinen Gedanken keinen Platz finden konnte. Ich hörte nur noch Zahlen. 49 zu 31. Und ich starrte die Pflegerin an, die mit aller Kraft zwei Infusionsbeutel drückte. Wenig später war wieder etwas mehr Ruhe eingekehrt. Ich sah noch drei Infusionen am Ständer hängen, an meinem Arm ein automatisches Blutdruckmessgerät. Eine der Pflegerinnen meinte nur, dass ich, wenn ich so etwas noch einmal versuche, sofort auf die Intensivstation überstellt werden würde. Die Verantwortung würde sie nicht übernehmen. Ich war mir wieder keiner Schuld bewusst, war aber sehr froh, dass es der einzige Vorfall an diesem Abend blieb.

Ich schaute auf die Uhr. Es war schon später am Abend und ich hatte noch so viel zu tun. Die versprochenen Nachrichten mussten noch abgeschickt werden. Nach getaner Arbeit wollte ich nur noch ausruhen, denn mir war es viel zu viel Aufregung. Hundemüde sank ich in den Schlaf, der nur von den regelmäßigen Messungen des Blutdruckmessgerätes unterbrochen wurde.

Wann ich wieder zu mir kam, kann ich nicht mehr sagen. Es war schon hell und das Frühstück stand auf dem Tisch vor mir. Mir wurde auch etwas flau in der Magengegend und ich knabberte ein wenig an dem Brötchen herum. Plötzlich schoss es aus mir heraus, so dass in Sekundenschnelle die Nierenschale gefüllt war. Er war so peinlich und ich wollte nur noch weglaufen. Das ging natürlich nicht, da meine Beine immer noch keine Befehle von mir entgegennahmen. Natürlich hatte ich genug gefrühstückt und eine Pflegerin räumte meinen Tisch ab. Einfach ekelig.

So langsam, aber sicher wurden meine Gedanken klarer. Schmerzen hatte ich auch keine, da mir über den Rückenmarkkatheter freundlicherweise Schmerzmittel in ausreichender Menge kontinuierlich zugeführt wurden.

Auch das Mittagessen, das ich in kleinen Bissen und sehr vorsichtig zu mir nahm, schmeckte.

Die morgendliche Übelkeit war weg. Ich denke, die kleine Infusion von MCP hatte ihren Dienst getan.

Silvia kam am Abend. Wir aßen zusammen und besprachen das Erlebte sowie die weiteren Schritte, die vor mir lagen. Kurz zuvor telefonierte ich noch mit meinen Eltern sowie mit Bruder und Schwiegermutter, denn sie wollten ja auch hören, dass es mir gut geht.

Das Gefühl in den Beinen kam ganz langsam zurück und ich fühlte, dass es in kleinen Schritten aufwärts ging. So langsam ist Alltag eingekehrt. Frühstück, Waschen im Bett, da ich ja noch strenge Bettruhe verordnet bekommen habe. Der erste Verbandwechsel stand an und ich muss gestehen, in mir kam etwas Angst auf. Was wird gemacht, werden die Schmerzen erträglich sein oder reißt eine Naht dabei auf?

Kurz vor dem Mittagessen ging es in die Poliklinik der Urologie. Ich musste etwas warten, bis die Räume fertig waren. Mein Arzt kam nicht, dafür seine Frau, die natürlich auch eine der vielen Ärzte war. Nachdem ich sie ausgefragt hatte, ob sie auch bei der OP dabei gewesen war und meinen Fall kannte, wurde ich ruhiger. Mit viel Gefühl und Vorsicht hatte sie schnell den alten Verband entfernt und spülte die Wunde aus. Ganz nebenbei zog sie die beiden Drainagen, die Nachblutungen auffangen sollten, heraus. Mit einer kleinen Bewegung prüfte sie die Nerventätigkeit der neu entstandenen Klitoris, so dass ich, auf diese Empfindlichkeit nicht vorbereitet, heftig erschrak.

Wenig später, als der neue Druckverband angelegt war, lag ich wieder in meinem Bett und wurde zurück auf die Station gebracht. Auch die nächsten beiden Tage war, wie vorher abgesprochen, strenge Bettruhe verordnet, damit das Operationsfeld so wenig wie möglich belastet wird.

Am selben Abend kam noch der Stationsarzt zu uns. Zu den allgemeinen Fragen schaute er sich meinen Rückenmarkkatheter an und beschloss diesen sofort zu entfernen. Es war eh für den nächsten Morgen vorgesehen, da die Schmerzmittelpumpe seit den Vormittagsstunden entfernt war. Ohne Probleme wurde der Katheter gezogen und die Einstichstelle professionell versorgt.

Das, was mir vorher schon klar gewesen war, war mit der Zeit Realität geworden. Mein Rücken ist durch die Schonhaltung enorm verspannt, schmerzte höllisch. Ich versuchte, egal wie unmöglich die Stellungen ausschauten, eine andere Haltung im Bett zu finden. Aber, egal was ich mir einfallen ließ, nach 5 Minuten saß ich wieder im Bett. Es stellte sich heraus, dass die leicht sitzende Haltung, trotz Schmerzen im Rücken, doch die Ideallösung war.

Endlich war der Tag des zweiten Verbandwechsels gekommen. Leichte Hoffnung hatte ich, wenn alles gut aussieht, den wirklich unangenehmen Druckverband loszuwerden. Außerdem wollte Frau Doktor mir eine Möglichkeit erklären, wie ich, mit einfachen Hilfsmitteln, die entstandene Scheidenöffnung erhalten kann. Bis jetzt hat eine Modulation aus Gaze das Zuwachsen verhindert.

Sie wird mir eine Art „Dummy" basteln, den ich selbst einsetzen und reinigen kann. Ich finde es richtig gut, wenn Ärzte nicht nur in dem vorhandenen Pool der Möglichkeiten suchen, sondern in Absprache mit dem Patienten auch eigene Ideen umsetzen.

Das erste Mal sehe ich das Ergebnis der Operation in meinem Spiegel. Auch wenn Xenia aus unserer Selbsthilfegruppe den Heilungsverlauf und die Bilder exakt beschrieben hat, war ich erst einmal geschockt. Ein Spiegelbild sagt eben doch mehr als tausend Worte. Nach einigen Augenblicken versuchte mir die Ärztin die Gegebenheiten zu erklären und vermittelte, wie die vorhandenen Schwellungen mit der Zeit verschwinden würden.

Außerdem besprachen wir kurz, welche Änderungen bei der zweiten Operation in etwa acht Wochen sinnvoll sind. Da sich derzeit noch sehr große Hämatome gebildet hatten, musste sie mir wieder einen Druckverband anlegen. Ab jetzt galt für mich eine eingeschränkte Bettruhe, so dass ich für ein paar Minuten mein Bett verlassen durfte. Mehr als ein paar Schritte waren zu Anfang sowieso nicht möglich, aber für meinen Rücken Gold wert. Die lange Zeit im Bett wurde langsam sehr anstrengend.

Ein paar Schritte gingen, klar, aber leichter gesagt als getan, denn dafür musste ich mich erst einmal auf mein Bett setzen. Da die Operationsfläche sehr empfindlich war und der Druckverband gute Arbeit leistete, war dieser Teil schon sehr schmerzhaft. Mit größter Vorsicht zog ich meine Schuhe an und stellte mich neben das Bett.

Zuerst wurde mir etwas schwindelig und ziemlich unsicher ging mein erster Weg in das Badezimmer.

Das erste Mal seit einigen Tagen konnte ich mich ausgiebig waschen und mir vernünftig die Zähne putzen. Duschen war derzeit nicht erlaubt, aber mit etwas Stolz, den ersten Gang alleine geschafft zu haben, befand ich mich auf dem Rückweg.

War ich zufrieden? Irgendwie packte mit der Ehrgeiz, denn kleine Wege waren ja erlaubt, wenn der Kreislauf mitmacht. So machte ich ein paar Stunden später den nächsten Versuch, sogar außerhalb meines Zimmers. Das Mineralwasser war leer und ein guter Grund den Weg von 15 Metern zu wagen. Ich lag wieder in meinem Bett. Geschafft, aber glücklich, das Abenteuer gemeistert zu haben.

So langsam konnte ich die letzten Wolken am Horizont erkennen und die ersten Sonnenstrahlen des Tages fielen in unser Zimmer. Auf der Fensterbank stand der Blumenstrauß aus weißen Rosen, den meine Schwägerin zwei Tage zuvor mitgebracht hatte. Ein strahlendblauer Himmel für einen perfekten Tag. Was würde ich darum geben einen Spaziergang zu machen, statt hier in meinem Bett zu liegen. Zugegeben, mit ging es schon wesentlich besser als die Tage zuvor. Meine Wege auf der Station wurden immer sicherer.

Für diesen Tag war auch der dritte Verbandwechsel vorgesehen, in den ich große Hoffnung setzte. Ich wollte endlich diesen unangenehmen, aber notwendigen Druckverband loswerden. Genauso kam es auch.

Als der Verband entfernt war, sah das Operationsfeld doch sehr gut aus, so dass die Aufgabe ab sofort von meiner Miederhose übernommen wurde.

So ganz nebenbei zog der Arzt, ohne es anzukündigen, den Blasenkatheter heraus. Etwas unangenehm, aber ich war froh das Teil los zu sein. Es folgten einige Anweisungen für die Reinigung und das Einsetzen des Platzhalters.

Spannend wurde es dann am Nachmittag, als die Blase, das erste Mal seit langer Zeit, einen Hochstand an Flüssigkeit meldete. Die Natur bekam, wonach sie verlangte. Es heißt ja, man lernt sein gesamtes Leben und damit schließe ich diese neue Herausforderung mit ein. Selbstverständlich musste ich danach auch den Platzhalter an Ort und Stelle schieben, was beim ersten Mal doch etwas Mut erforderte.

Gerade auf meinen immer längeren Ausflügen merkte ich, dass es erstens nur sehr langsam ging und mir zweitens schwindelig wurde, sobald ich meinen Kopf zu schnell bewegte oder mir jemand entgegenkam. Ich konnte Veränderungen, wie Höhen oder Geschwindigkeit, kaum einschätzen, musste sogar mit den Händen Kontakt zu einer Wand oder etwas anderem suchen, damit der Schwindel nachließ. Die Sicherheit war noch nicht da.

Wie jeden Tag kam die Visite, um die Untersuchungen des Tages festzulegen. Ich machte mir immer mehr Sorgen um meine Leberwerte, da mir doch sehr viel Schmerzmittel verabreicht wurde.

Auf meinen Wunsch wurde die Dosis halbiert und ein umfangreicher Bluttest angeordnet. Am Abend kam meine Ärztin und besprach, nachdem sie die Wunden überprüft hatte, die weiteren Maßnahmen sowie die aktuellen Blutwerte.

Wie befürchtet waren die Werte extrem angestiegen, so dass die Dosis an Schmerzmitteln auf ein Mindestmaß reduziert wurde. Zuletzt beschlossen wir, dass ich am Freitag, 10 Tage nach der Operation, nach Hause gehen durfte.

Der Alltag war natürlich etwas anders, so dass ich, abgesehen von kurzen Spaziergängen, etliche Zeit im Bett und auf der Wohnzimmercouch verbrachte. Nebenbei waren diverse Arztbesuche angesagt, damit eine Entzündung möglichst schnell erkannt werden konnte.

Ehrlich gesagt war ich ein wenig enttäuscht, da der Heilungsprozess und die Genesung selbst langsamer als von mir erwartet abliefen. Wenn ich einkaufen ging und die 500 Meter hinter mir hatte, schmerzte der gesamte Unterleib, so als hinge ein Medizinball an mir. Dann halfen am besten die Kühlkissen, die für diese Situationen im Eisfach lagen. Mir ging alles nicht schnell genug und so langsam wurde ich ungeduldig.

Auch die Nachsorge bei meinem Gynäkologen hatte ich mir anders vorgestellt. Seitdem ich das Krankenhaus verlassen hatte, hatte er, wie im Sommer abgesprochen, die Behandlung vor Ort übernommen. Außer „da traue ich mich nicht heran", „das sieht schon ganz gut aus" und den notwendigen Arbeitsunfähigkeitsbescheinigungen kam nicht viel, so dass ich beschloss, mir in absehbarer Zukunft eine neue Gynäkologin zu suchen - auf jeden Fall noch vor dem zweiten Eingriff, der in etwa acht Wochen terminiert war.

Mit der Zeit verringerten sich auch die Auswirkungen der Narkose, die ich noch mehrere Wochen nach dem Eingriff spürte. Der Schwindel, die Probleme, Geschwindigkeiten einzuschätzen und Höhen zu unterscheiden und die Irritationen der Fußnerven wurden mit der Zeit geringer, so dass ich auch schon kleinere Wege mit dem Auto fahren konnte. So versuchte ich die Zeit stehend, sitzend und liegend sinnvoll zu gestalten.

Ein ganz besonderer Ausflug war für Silvester geplant. Mit insgesamt neun Personen aus unserer Selbsthilfegruppe hatten wir uns auf einem Partyschiff angemeldet, um in das neue Jahr zu feiern. Natürlich hatten die anderen Gäste der Tour keine Ahnung und musterten uns zu Anfang doch ein wenig. Mit der Zeit haben aber alle Mitreisenden mitbekommen, dass wir ganz normale Leute sind und feierten mit uns, bei einem hervorragenden Buffet und musikalischer Begleitung, einen unvergesslichen Abend.

Nach der Party an Bord war ich sehr froh, dass ich in meinem Bett lag. Schon einige Wochen vorher hatten wir uns ein Hotelzimmer ganz in der Nähe der Anlegestelle gesichert.

Mittlerweile durfte ich auch wieder an meinen Arbeitsplatz zurück. Es war zuerst etwas schwierig, sich wieder auf die Aufgaben zu konzentrieren. Sitzen konnte ich noch nicht so gut, so dass während der Arbeitszeit ein ständiger Wechsel von sitzender und stehender Tätigkeit notwendig war. Dazu kamen die aktuellen Nachrichten, dass der neue Arbeitgeber rund ein Viertel der Mitarbeiter abbauen wollte. Natürlich war die Stimmung sehr gedämpft, zumal die Informationen, was auf uns alle zukommt, die Mitarbeiter nur sehr schleppend erreichten. Für unseren Standort war ein Abbau von 354 Mitarbeitern vorgesehen. Wie die Firma ohne die Kollegen funktionieren sollte oder wie die Arbeit erledigt werden würde, war noch nicht klar. Niemand ließ sich herab, auch nur ansatzweise die weitere Planung zu erörtern. – eine sehr belastende Situation für alle.

Irgendwie habe ich mich auf den zweiten Eingriff der Operation gefreut. Der geplante Eingriff war ja bei Weitem nicht so groß wie beim ersten Mal. Die Vorbereitung darauf gestaltete sich auch entsprechend weniger umfangreich. Zum Beispiel entfällt die Diät wie vor dem ersten Eingriff, da keine großen internen Maßnahmen geplant waren. Begleitet wurde ich nach dem Krankenhausaufenthalt von meiner neuen Gynäkologin. Eine Woche vor der Operation hatte ich einen Besprechungstermin vereinbart.

So konnten wir uns kennenlernen und absprechen, wie ein gemeinsamer Weg möglich ist. Positiv war, dass ihr transidente Patienten nicht fremd sind, da sie während der Ausbildung in der Uniklinik Essen Erfahrungen sammeln konnte.

Am gleichen Tag bekam ich einen Anruf, besser gesagt Notruf, von einer Freundin, da ihr Arbeitgeber ihr fristlos gekündigt hatte. Natürlich war ich, aufgrund der Erfahrungen beim Arbeitsgericht, sofort alarmiert. Zunächst einmal war es wichtig Ruhe zu bewahren, um nichts (z. B. das Einhalten von Fristen) zu vergessen und die notwendigen Schritte einzuleiten. Selbstverständlich war ein Anwalt zu besorgen, dringend ein Termin bei unserer Therapeutin auszumachen und natürlich war es wichtig, sie einfach zu beruhigen. Eine fristlose Kündigung ist eine böse Sache und kann jeden aus der Bahn werfen. Ich hatte zufällig an diesem Tag noch einen Termin bei meiner Therapeutin, da sie mir die Einweisung ins Krankenhaus ausstellen wollte. Stress ist niemals gut, manchmal aber nicht zu vermeiden. Man sah mir meinen Zustand definitiv an, da meine Nesselsucht, ein nervig juckender Ausschlag, in voller Blüte stand und auf dem gesamten Körper ausgebrochen war. Ich war wirklich froh, dass ich auch einmal über die vielen Dinge sprechen konnte, die mich in den letzten Wochen bewegt hatten.

Für den kommenden Tag war, wegen der sehr rapide angestiegenen Leberwerte, ein Fibroscan geplant. Die Leberuntersuchung ist ein gründlicher Überblick über die Innenorgane mittels Ultraschall und eine Bestandaufnahme der Beweglichkeit.

Zum Glück ist mein Organ zwar mitgenommen, aber so beweglich, dass es keine besorgniserregenden Befunde gibt. Das war die schönste Nachricht des Tages.

Einen Tag vor der zweiten Sitzung musste ich noch einmal in der Klinik anrufen. Es hätte ja Notfälle geben können, die mein Bett belegten, so dass der geplante Eingriff hätte verschoben werden müssen.

Die zuständige Sachbearbeiterin für die Bettenplanung und gute Seele der Abteilung bestätigte mir das freie Bett. So begann ich die benötigten Sachen in den Koffer zu packen und noch ein paar wichtige Telefonate zu führen. Silvia brachte mich früh am Tag zur Klinik, wo der normale Trubel längst im Gange war. Da es erst acht Wochen her war, dass ich das Krankenhaus verlassen hatte, war es ein schönes Wiedersehen mit dem gesamten Personal. Die üblichen Vorsorgeuntersuchungen - wie EKG, Narkosegespräch sowie die Besprechung der Vorgehensweise bei der OP durch den Oberarzt - füllten den gesamten Tag aus.

Eigentlich war ich auf dem zweiten Platz der Operationsliste und so wurde mir 9:00 Uhr als Abholtermin genannt, aber ich richtete ich mich auf einen späteren Zeitpunkt ein, da es meist etwas länger dauert. Kurz vor 6:00 Uhr ging jedoch die Zimmertür auf und ich wurde aufgefordert mich zur Operation umzuziehen, da es sofort losgehen sollte. Schnell, auf dem Weg zum Operationstrakt, wurde die vorbereitende Medikation gegeben. Genau wie beim ersten Eingriff kam ich in den Operationsvorraum, wurde verkabelt, mit Braunülen versorgt und die Narkose wurde eingeleitet. Die ersten Momente, die ich wieder mitbekam, waren im Aufwachraum.

Im Gegensatz zur ersten Operation war ich klar und konnte mich mit den anwesenden Pflegern und Ärzten gut unterhalten. Übel war mir nicht, da die Zusammensetzung der Narkose verändert und zusätzlich Mittel gegen die Übelkeit vorab gegeben wurden. Der Pfleger kabelte mich wieder ab und bemerkte wie ein kleiner rotbrauner Streifen von der Braunüle zum Handgelenk wanderte. Eilig wurde ein Arzt hinzugezogen und sofort die Braunüle entfernt. Zusätzlich markierte der Arzt die letzte Position des Streifens, um den weiteren Verlauf besser verfolgen zu können. Mir wurde aufgetragen sehr genau zu beobachten und, falls der Streifen sich weiter bewege, den Stationsarzt zu holen. Dies blieb zum Glück aus, da der Streifen ziemlich schnell verschwand. Das Wort Blutvergiftung wollte in dem Zusammenhang niemand benutzen.

Den zweiten Tag verbrachte ich auf meinem Zimmer. Ich fühlte mich fit wie ein Turnschuh, schlief aber immer wieder tief ein. Die Narkose zeigte noch entsprechende Nachwirkungen. Am späten Nachmittag kam Silvia zu Besuch. Natürlich berichtete ich von meinem ersten Tag und dass es mir gut ging. Sie bemerkte, dass mein Gesicht sehr angeschwollen war. Mir war das bis dahin nicht bewusst und ich kontrollierte das Ausmaß sofort mit meinem Handspiegel. Wenig später, kurz vor dem Abendessen, verspürte ich ein leichtes Druckgefühl im Brustkorb. Zur Vorbeugung nahm ich einen Hub meines Asthmasprays. Ich kannte die ersten Anzeichen, die eine leichte Atemnot ankündigten, und wollte dem etwas entgegenwirken.

Da der erste Hub Spray meine Atmung nicht verbesserte, nahm ich noch eine Kapsel Theophylin dazu.

Dabei bemerkte ich, dass meine Zunge und der Zungengrund langsam anschwollen und sich zusätzlich große Pusteln auf beiden Armen bildeten. Silvia musste gehen und ich wollte der Kapsel noch etwas Zeit geben, da es sich um ein Retard-Präparat handelte, welches erst später seine volle Wirkung erzielt. Erklären konnte ich mir die Reaktionen nicht, da die letzte Medikamenteneinnahme gut fünf Stunden her war. Zusätzlich zur Atemnot wurde mir wesentlich wärmer. Ich rief den Pfleger hinzu, da ich die Symptome nicht mehr einschätzen konnte. Temperatur und Blutdruck waren aber im Normalbereich. Gemeinsam beschlossen wir, dass jetzt die Zeit war, eine meiner Kortison- Tabletten einzusetzen. Dazu sollte der Stationsarzt hinzugezogen werden, der aber zurzeit einen Notfall versorgte. Das Kortison wirkte innerhalb kürzester Zeit, so dass sämtliche Beschwerden langsam zurückgingen. Eine halbe Stunde später kam der Arzt. Da die Symptome sich weitestgehend verbessert hatten, zog er als erste Maßnahme alle hauseigenen Medikamente ein. Zusätzlich bereitete er, für den Notfall, eine Infusion vor, die eine weitere Dosis an Kortison und ein Antihistamin enthielt.

Am nächsten Tag kam der Arzt zur Kontrolle. Wir waren beide froh, dass in der Nacht kein weiterer Asthmaanfall aufgetreten war und die Infusion nicht zum Einsatz kommen musste.

Das Bett durfte ich nun verlassen, so dass am nächsten Tag auch der Blasenkatheter gezogen wurde. Das bedeutete, dass ich, falls es keine weiteren Rückschläge gäbe, am Sonntag, drei Tage nach dem Eingriff, das Krankenhaus verlassen dürfte.

Natürlich war der zweite Eingriff weit weniger schwer als der erste, hatte aber doch einige schwere Hämatome hinterlassen. Da half wieder nur reichlich Kühlung. Zusätzlich zog ich wieder über die Flure und durch die Treppenhäuser, damit ich den Heimweg schaffen konnte. Zunächst merkt man es gar nicht, aber wenn man nach der Bettruhe aufstehen darf, ist das Gehen und Treppensteigen ganz schön anstrengend.

Natürlich war ich lieber zu Hause. Doch hieß es erst einmal, sich zu schonen und langsam wieder auf die Beine zu kommen. Wenn ich nicht etwas mehr Wundsekret und Blut in meiner Einlage entdeckt hätte, wäre mir nicht aufgefallen, dass sich eine Naht ein wenig gelöst hatte. Donnerstagmorgen war vermehrt dickes Blut in der Einlage zu sehen und ich meldete mich bei meiner Gynäkologin. Selbstverständlich durfte ich sofort kommen, um die Wunde versorgen zu lassen. Sie prüfte die Veränderungen mit einer beruhigenden Sorgfalt. Das Hämatom war schon so groß geworden, dass die Naht nun vollständig offen stand und das geronnene Blut zu sehen war. Behutsam reinigte die Ärztin das gesamte Gebiet.

Selbstverständlich war es nicht sehr angenehm, verschaffte mir aber, da der große Druck weg war, große Erleichterung, so dass die Schmerzen nachließen. Schmerzmittel wollte ich nicht nehmen, denn die Erfahrungen im Krankenhaus hatten mir gereicht.

Wenig später hatte ich in der Universitätsklinik Essen einen Nachsorgetermin. Ich hatte mir einen reibungslosen Heilungsverlauf gewünscht, aber das kann man sich leider nicht aussuchen. Sehr behutsam schaute der Oberarzt sämtliche Nähte an und prüfte die beschädigten Stellen. Letztendlich hatte jede Naht irgendwie gelitten.

Wir einigten uns darauf, etwa drei Wochen den Heilungsprozess zu beobachten, um dann zu entscheiden, welche weiteren Maßnahmen durchgeführt werden sollten. Alles hing davon ab, ob die entstandene Tasche in der Schamlippe allein wieder zuwachsen würde oder diese vernäht werden musste. Ich konnte nichts weiter tun außer den Wundbereich sehr sauber zu halten, um keine weiteren Probleme, wie Entzündungen, zu bekommen.

Jeden Tag veränderte sich das Operationsgebiet ein wenig. Doch eine Stelle, direkt am Damm, wollte einfach nicht heilen, so dass immer mal wieder Sekret und Blut heraustraten. Natürlich schaute sich meine Gynäkologin die Stelle sehr genau an und gab mir diverse Tipps, wie sie versorgt werden konnte. Den besten Erfolg erzielten wir, indem ich die Stelle, nach der Reinigung, mit dem Haartrockner trocknete.

Es ist halt eine heikle Stelle, die bei jedem Schritt bewegt und somit beansprucht wurde. So lag ich wieder auf dem kleinen Behandlungstisch, wo die nächste Nachsorgeuntersuchung durchgeführt wurde. Die Tasche in der Schamlippe war von alleine so gut verheilt, dass keine zusätzlich Naht mehr nötig war. Das ist ein großer Erfolg und zum Glück eine Sorge weniger. Nun kümmerte sich der Arzt um die Stellen, die nicht verheilen wollten.

Dazu trug er ein Mittel namens Höllenstein auf, eine Kombination aus Silbernitrat und Kaliumnitrat, um eine schnellere Hautbildung zu erreichen.

Wochenlang penible Hygiene, kaum zu sitzen, ein bisschen Bewegung und viel Geduld halfen die Wundheilung zu verbessern.

Es hat funktioniert, so dass ich nach sechs Wochen Arbeitsunfähigkeit meine Beschäftigung wieder aufnehmen konnte. Auch startete ich langsam, ohne große Belastung, mit sportlichen Aktivitäten.

Natürlich habe ich mit den auftretenden Schwierigkeiten nicht gerechnet, bin aber vom Ergebnis letztlich mehr als beeindruckt. Über die nächsten Wochen und Monate werden sich die Verhältnisse noch verändern, Verhärtungen und Narben verheilen, sowie die Hautschichten sich an die neuen Gegebenheiten gewöhnen. Es wird noch lange dauern, bis ich mich von den Eingriffen vollständig erholt habe; der Alltag ist noch mühsam, aber machbar. Trotzdem bin ich so glücklich, dass ich diesen Schritt getan habe.

Ich kann mein Glück kaum in Worte fassen und erlebe eine innere Zufriedenheit, die ich mit großer Freude auch nach außen zeige, so dass die Mühen und Schmerzen der letzten Wochen fast vergessen sind.

Gedanken einer Partnerin

Bereits im ersten Jahr unserer Beziehung hat sich Norbert zu Karneval als Frau verkleidet. So richtig mit Rock, Pumps und aufgedrehten Löckchen. Damals dachte ich mir nichts dabei. Es war lustig und er kam auch gut damit an.

Später kam er immer öfter mit der Idee an, einmal einen meiner BHs anzuziehen. Auf meine Frage, warum, antwortete er: „Es fühlt sich eben gut an." Naja ...

In unserem ersten gemeinsamen Urlaub in Schweden machte Norbert den Vorschlag, dass wir uns Ohrlöcher schießen lassen könnten. Ich hatte bereits früher Ohrringe getragen, daher war ich einverstanden. Was ich allerdings nicht wusste: Norbert wollte sich beide Ohrläppchen stechen lassen. Beim Friseur (in Schweden macht der Friseur Ohrlöcher) hat die Dame etwas irritiert geschaut, als Norbert ihr mit Händen und Füßen klarmachte, was er wollte. Letztendlich einigten wir uns auf eines im linken Ohr.

Zuhause kamen mir dann Gedanken, was denn die Eltern denken würden. Sie würden doch das Ohrloch an ihrem Sohn bemerken. Er wollte den Ohrring selbst natürlich weder bei den Eltern noch woanders als zu Hause tragen. Die Eltern haben es übrigens wirklich nicht bemerkt oder sie haben nichts gesagt.

Im Laufe der Jahre hat Norbert sich per Katalogbestellung eine Auswahl an Damenbekleidung zugelegt. Zuerst waren es der BH, der Damenslip oder die Seidenstrumpfhose, später auch Kleider, Röcke, Blusen. Diese hat er allerdings nur zu Hause getragen. Zu dieser Zeit fand er es einfach schön, manchmal Frauenkleider zu tragen. Ich hielt das Ganze für eine Marotte, die wieder vorübergeht.

Irgendwann kam der Wunsch, auch mal als Frau aus dem Haus zu gehen. Die Frage war nur, wohin? In ein normales Restaurant oder einfach in den Park? Nein, dafür waren wir beide doch noch nicht bereit. Ich hatte dann die Idee, dass wir uns Gleichgesinnte suchen sollten. Es musste doch noch mehr Menschen geben, die in Frauenkleidern ausgehen.

So gingen wir ins Internet und googelten „in Frauenkleidern ausgehen". Zum Glück sind wir dabei direkt auf den Gendertreff gestoßen. Für die Anmeldung im Internet-Forum überlegten wir uns gemeinsam einen weiblichen Vornamen. Er sollte auch mit „N" beginnen und klangvoll sein. Also einigten wir uns und Nathalie war geboren.

Es dauerte eine Weile, bis wir das erste Mal an einem Treffen des Gendertreffs teilnahmen. Es klappte nicht mit Nathalies Schichtdienst, dann waren die Treffen zwischendurch in die Düsseldorfer Altstadt ausgelagert. Als die Treffen wieder im versteckt gelegenen „Café Rosamond" stattfanden, fuhren wir dorthin. Auf dem Weg fragte ich mich ständig, welche Leute wir wohl treffen würden.

In Düsseldorf angekommen, fanden wir die Gründerin Xenia und etwa zehn andere Frauen vor, die uns herzlich aufnahmen. Die Gespräche drehten sich nicht, wie befürchtet, nur um Frauenkleider, auch wenn Nathalie den einen oder anderen Tipp bekam. Wir erhielten auch den Rat, nicht alles so eng zu sehen. Ich war erstaunt und erleichtert, dass es sich wirklich um ganz normale Menschen handelte.

Auf dem Weg zu den Treffen und zurück waren wir besonders vorsichtig aus Angst, unsere Nachbarn könnten etwas merken. Zuerst haben wir das Treppenhaus gecheckt, ob die Luft rein war. Ich bin vorgegangen; wenn niemand zu sehen war, ist Nathalie nachgekommen. Was sie gemacht hätte, wenn plötzlich eine Wohnungstür aufgegangen wäre? Keine Ahnung, es ist nie passiert. Anfangs haben wir sogar die Autos getauscht, damit niemand merkt, dass eine Frau am Steuer des „Männerautos" sitzt.

Es blieb natürlich nicht aus, dass die Nachbarn etwas merkten. Nathalie traf eines Tages eine Nachbarin im Keller und die anderen kamen nach und nach auch dahinter, was es mit der neuen Mitbewohnerin auf sich hatte. Wir hatten ja Angst, dass die Nachbarschaft uns aus der Wohnung ekeln würde. Diese nahm das Ganze ziemlich locker auf, so dass wir uns auch weiterhin akzeptiert fühlten.

Eines Morgens, wir hatten für den Abend Musicalkarten, kam Nathalie auf die Idee, als Frau ins Musical zu gehen. Ich fiel aus allen Wolken, das hatte ich nun doch nicht erwartet.

Ich hatte Bedenken, dass wir nur auf die Reaktionen der anderen Besucher und nicht auf die Handlung achten würden. Letztendlich gingen Norbert und Silvia ins Musical.

Nathalie ging auf ihre erste Flugreise nach London. Passend hatten wir ein ‚gay friendly' Hotel ausgesucht. Nachdem es beim Einchecken am Flughafen und bei der Passkontrolle einige Probleme gab, funktionierte im Hotel alles reibungslos. Die einzige Frage war nur, unter welchem Namen Nathalie dort geführt werden wollte.

Hier in London war es für mich bereits ganz normal, mit Nathalie unterwegs zu sein. Besonders schön fand ich, dass wir beide immer wieder als „Ladies" angesprochen wurden.

Der nächste Urlaub auf Mallorca stand an. Wir verbringen diesen seit Jahren im gleichen Hotel. Nathalie war total unentschlossen, wie sie dort anreisen sollte. Wie bisher als Norbert? Komplett als Nathalie? Oder nach Bedarf wechseln? Letzteres schlossen wir sofort aus, um die anderen Hotelgäste und das Personal nicht zu verwirren. Ich war mit den Gedanken schon weiter als sie und stellte fest, dass Nathalie so langsam einen Badeanzug brauchte. Mir war nämlich klar, dass ein Urlaub mit einer zufriedenen Nathalie besser war als mit einem unzufriedenen Norbert.

Wir informierten natürlich das Hotel über die neue Situation. Als Antwort kamen viele gute Wünsche für Nathalies neues Leben und der Hinweis, dass wir jederzeit willkommen seien.

Es war erstaunlich, wie locker und freundlich wir im Hotel begrüßt wurden. Niemand fragte etwas oder schien überrascht. Ich habe ja den Verdacht, dass das komplette Personal bereits im Vorfeld informiert wurde. Wahrscheinlich haben wir die anderen Hotelgäste nur dadurch verwirrt, dass Nathalie abwechselnd mit verschiedenen Perücken erschien.

Am Flughafen Düsseldorf gerieten wir übrigens an eine vollkommen überforderte Angestellte, die sich an ihren Vorgesetzten wandte mit der Aussage: „Ich habe hier eine Geschlechtsumwandlung."

So kamen immer mehr positive Erlebnisse zusammen. Mittlerweile war uns beiden klar, dass Nathalie den kompletten Weg bis zur geschlechtsangleichenden Operation gehen würde. Nach vielen Gesprächen wusste ich auch, dass dies der einzig richtige Weg für sie war und ich wollte sie auf diesem Weg begleiten. Der Gedanke an eine Trennung kam auf, wurde von mir aber sofort wieder verworfen. Unser alltägliches Leben hat sich nicht viel verändert. Außerdem ist Nathalie für mich der gleiche Mensch geblieben.

Es wird immer wieder deutlich, wie viel Hochachtung die Menschen vor Nathalie haben, dass sie den Mut hatte, ihren Weg zu gehen. Auch ich erhalte für meine Entscheidung, Nathalie zu begleiten, immer wieder Anerkennung entgegengebracht. Für mich ist diese Entscheidung allerdings nichts Besonderes. Ich möchte nur weiterhin mit dem Menschen, den ich liebe, zusammenleben. Egal, ob Mann oder Frau.

Resümee

Da jetzt alle meine Papiere erneuert sind, werden nach und nach alle Verträge, Kundendaten usw. auf den geänderten Vornamen und Personenstand korrigiert. Das wird noch einige Zeit dauern. Es treibt mich ja niemand. Die Operationen sind gut verlaufen, obwohl es einige kurze Schwierigkeiten gab. Bereut habe ich meine Schritte niemals.

Wenn ich so auf die letzten Jahre zurückblicke, hat sich sehr viel verändert. Dabei muss ich zugeben, dass die ersten Ziele, die ich mir gesteckt hatte, weit übertroffen wurden. Ich denke, Ziele verändern sich, sobald mehr Informationen zur Verfügung stehen und der eigene Horizont erweitert wird.

Dazu kommt das gesteigerte Selbstvertrauen, das Umfeld, die Freunde und die vielen Menschen, die mir sehr geholfen haben, meinen Weg sicher zu finden, sodass sich meine Geschichte so positiv entwickeln konnte.

Dieses Buch hatte ich vor etlichen Jahren begonnen. Veränderungen und fortlaufende Ereignisse waren nicht oder nur sehr langsam zu sehen. Insofern beschreibt der Buchtitel „Glücklich - unzufrieden" besser die Zeit, in der ich noch nicht sicher war, wo mein Weg mich hinführen wird. Jetzt könnte ich ohne jeden Zweifel den Titel umgestalten in

„Glücklich und zufrieden".

Aktuell hat sich der Alltag eingestellt. Selbstverständlich ist die Selbsthilfegruppe ein Teil meines Lebens geblieben. Die Hormonbehandlung verläuft durchaus positiv und meine Leberwerte haben sich derzeit erfreulicherweise sehr gut entwickelt. Auch die Arbeitskollegen sowie die Eltern haben sich, zumindest teilweise, an die für sie neue Situation gewöhnt.

Unerwartet haben mich meine Eltern angesprochen, dass wir irgendwann ein wichtiges Gespräch führen müssen. Sie hatten im Fernsehen den Film „Meine Sohn Helen" angeschaut. In dem Film über Transidentität hatten sie etliche Parallelen zu meinem Weg festgestellt. Die letzten drei Jahre waren keine vernünftigen Gespräche, über meinen Weg, zwischen uns entstanden. So setzten wir uns, nachdem ich mir den Film ebenfalls angeschaut hatte, zusammen sie und stellten Fragen, wir tauschten unsere Ansichten aus. Gemeinsam versuchten wir uns gegenseitig besser zu verstehen. Wir haben uns endlich einmal ausgesprochen. Zum Glück haben wir es noch geschafft, denn wenige Wochen später ist mein Vater leider verstorben.

Ich bin sehr froh, dass wir die Möglichkeit, wie sich herausgestellt hat, die letzte Chance, genutzt haben.

Besser spät als nie.

Was noch auf mich zukommt, ist die Zukunft und die können wir alle nicht vorhersehen - ab jetzt aber erlebe ich sie so, wie ich es mir immer gewünscht, erträumt und erhofft habe.

Die Frage, was gewesen wäre, wenn ich den Schritt früher gewagt hätte, stelle ich mir nicht, denn das würde auch effektiv nichts bringen. Wichtig ist, dass wir, Silvia und ich, unser gemeinsames Leben weiter leben können, auch wenn die zurückliegenden Ereignisse turbulent und schwierig waren.

Wie und ob meine Geschichte weitergeht, wird auf meiner Internetseite **www.nathalie-book.de** und in unserem Forum nachzulesen sein.

Weitere Informationen zum Thema gibt es auf der Plattform:

www.gendertreff.de

Es bleibt mir noch nur eines zu sagen und das meine ich sehr ehrlich:

Ich möchte mich ganz herzlich bei all denen bedanken, die mir geholfen, die zu mir gestanden und meinen Weg begleitet haben.

Vielen Dank!

Eure Nathalie

Ein paar Filmbeiträge und Bücher, die mir sehr gefallen haben, möchte ich euch noch vorstellen:

- **Enthüllung einer Ehe**

    mit Nina Hoger und Dominique Horwitz,

- **Mein Sohn Helen**

    mit Heino Ferch und Jannik Schümann

- **Der Soldat, der zur Frau wurde**
  (Sex Change Soldier)

- **Frauensachen**

    Autorin: Katharina Voss

    ISBN 978 – 1 – 5058 – 1864 – 2

- **Anna wird Tom / Klaus wird Lara**

    Autor: Udo Rauchfleisch

    ISBN 978 – 3 – 8436 – 0427 - 7

www.gendertreff.de

Der Gendertreff ist eine ehrenamtlich geführte Trans*-Organisation. Die Ziele des Gendertreff sind Hilfe zur Selbsthilfe für Trans*-Menschen und ihre Angehörigen sowie politische Arbeit und Öffentlichkeitsarbeit. Wir streben an, die Lebenssituation von Trans*-Menschen und ihren Angehörigen nachhaltig zu verbessern.

Der Gendertreff arbeitet ehrenamtlich und ist politisch und weltanschaulich neutral. Der Gendertreff verfolgt keine wirtschaftlichen Interessen und stellt alle Informations- und Selbsthilfe-Angebote kostenlos zur Verfügung. Der Gendertreff versteht sich als überregional arbeitende Organisation.

Zur Umsetzung seiner Ziele betreibt der Gendertreff ein umfangreiches Informations- und Selbsthilfeangebot. Dazu zählen unter anderem eine große Informationsplattform (Gendertreff Plattform) und ein Forum (Gendertreff-Forum) im Internet, mit dem Ziel der Hilfe zur Selbsthilfe. Weiter betreibt der Gendertreff Selbsthilfegruppen, die wir aufgrund ihres Charakters Selbsthilfetreffen nennen. Alle Selbsthilfetreffen tragen den Namen Gendertreff sowie den Namen der Gemeinde, in der sie stattfinden (z.B. Gendertreff Düsseldorf).

Wir betreiben darüber hinaus Öffentlichkeitsarbeit durch die Teilnahme an Messen und weiteren Informationsveranstaltungen und stellen Aufklärungsmaterial wie z.B. Flyer oder mögliche Ablaufpläne zur Transition zur Verfügung. Diese Aufzählung ist nicht abschließend, da das Angebot des Gendertreff kontinuierlich weiterentwickelt wird.

Ein professioneller Auftritt ist uns wichtig. Wir achten auf unser Auftreten in der Öffentlichkeit. Wir sind höflich und sachlich in der Argumentation und lehnen beleidigende und/oder herabsetzende sowie rassistische oder sonstige diffamierende Äußerungen strikt ab.

Der Gendertreff bekennt sich klar zu Diversity. Alle Angebote des Gendertreff stehen grundsätzlich allen Menschen zum Zwecke der Information und Selbsthilfe zur Verfügung, sofern diese sich zu gesellschaftlich allgemein akzeptierten Werten und Umgangsformen bekennen.

Unsere Selbsthilfetreffen finden in öffentlichen Lokalen statt. Dort ist von der Leitung der Selbsthilfetreffen und weiteren Repräsentanten des Gendertreff sowie auch von den Teilnehmern ein der Veranstaltung angemessenes Erscheinungsbild gewünscht. Insbesondere im Rahmen von Veranstaltungen, politischer Arbeit und Öffentlichkeitsarbeit wird von allen Repräsentanten des Gendertreff ebenfalls ein der Veranstaltung angemessenes Erscheinungsbild erwartet.

Das Gendertreff-Forum und die Selbsthilfetreffen des Gendertreff stehen grundsätzlich allen Transgendern, Partner_innen, Angehörigen und Interessierten offen. Jeder neue Gast wird in die Gruppe integriert, so dass sich niemand alleingelassen oder ausgestoßen fühlt. Jede_r Anwesende wird respektiert, auch in seinen_ihren politischen, religiösen bzw. weltanschaulichen Ansichten sowie sexuellen Orientierungen, es sei denn, dass diese gegen bestehende Gesetze oder die bestehenden Regeln des Gendertreff verstoßen.

Der Gendertreff berät, zeigt Lösungswege anhand von dokumentierten Erfahrungen auf und weist auf mögliche Risiken hin. Die Beratung behält den Selbsthilfe-Charakter. Für psychologische- und/oder therapeutische sowie sonstige, bestimmten Berufsgruppen vorbehaltene Beratung gibt es professionelle Anlaufstellen außerhalb des Gendertreff.

Der Gendertreff akzeptiert individuelle Lösungen und Vorgehensweisen bei der Transition. Im Gendertreff-Forum sowie auf unseren Selbsthilfetreffen und sonstigen Veranstaltungen soll weder Gruppenzwang ausgeübt, noch ein vorgefertigtes Meinungsbild aufgezwungen werden. Der Gendertreff ermutigt eher zu einer ganz individuellen Vorgehensweise, in individuellem Tempo mit individuellem Ziel. Die Teilnehmer im Gendertreff-Forum sowie auf unseren Selbsthilfetreffen und sonstigen Veranstaltungen entscheiden, welches Angebot sie annehmen und umsetzen. Daher wird Informationsmaterial des Gendertreff zwar angeboten, jedoch nicht aufgedrängt.

Der Gendertreff geht von einem Informationsdefizit der Gesellschaft aus und verurteilt die Gesellschaft nicht pauschal als transfeindlich bzw. diskriminierend. Die Intention des Gendertreff ist daher, Aufklärung zu betreiben, ohne in Konfrontation mit der Gesellschaft zu gehen. Tatsächliche, bewusst ausgeführte Diskriminierung wird aufgezeigt. Von Diskriminierung Betroffene werden durch Beratung, Informationen und Hilfe zur Bewältigung soweit wie möglich unterstützt.